国家自然科学基金重点国际（地区）合作研究项目（编号：7
国家自然科学基金面上项目（项目编号：71871102）
本书获　国家自然科学基金青年项目（项目编号：71904057）
　　　　中国博士后科学基金特别资助项目（项目编号：2018M642884,
　　　　中央高校基本科研业务费专项资金

User Profile of the Social Q&A Platform

社会化问答平台用户画像研究

陈 烨 著

科学出版社

北京

内 容 简 介

用户研究是信息资源管理学科的重要研究方向之一，用户画像能够全面立体地刻画用户特征，成为用户研究中一种重要的研究方式或手段。本书介绍了用户画像的基本概念和基础理论；聚焦社会化问答平台，提出了社会化问答平台用户画像构建模型，分析了社会化问答平台用户画像实现与应用的困境，并提出了相应的解决方案；基于所提出的模型，以 Quora 为例，面向高血压主题生成了用户兴趣画像和用户社交画像，并实现了用户兴趣画像和用户社交画像的更新，讨论了用户画像的变化特点、更新策略等问题。

本书适合于从事信息管理、图书情报工作和相关领域的理论与实践工作者参考阅读，也可作为高等院校相关专业师生参考用书。

图书在版编目(CIP)数据

社会化问答平台用户画像研究／陈烨著 . —北京：科学出版社，2022. 11
ISBN 978-7-03-073533-1

Ⅰ. ①社… Ⅱ. ①陈… Ⅲ. ①情报用户–研究 Ⅳ. ①G252.0

中国版本图书馆 CIP 数据核字（2022）第 192151 号

责任编辑：林 剑／责任校对：樊雅琼
责任印制：吴兆东／封面设计：无极书装

科学出版社 出版
北京东黄城根北街 16 号
邮政编码：100717
http://www.sciencep.com

北京建宏印刷有限公司 印刷
科学出版社发行 各地新华书店经销
*
2022 年 11 月第 一 版 开本：720×1000 1/16
2023 年 1 月第二次印刷 印张：10 1/4
字数：210 000
定价：128.00 元
（如有印装质量问题，我社负责调换）

前　　言

社会化问答平台作为一类典型的信息服务应用,为用户提供了一个获取和分享知识、结识和联络朋友的空间。用户在使用社会化问答平台的过程中产生了来源多样、形式各异、内容丰富的用户数据,这些用户数据为充分理解用户提供了丰富的来源。然而,面对丰富的用户数据,如何组织和管理用户数据,为用户特征、兴趣或偏好挖掘提供有效且易于使用的数据,并使之更好地服务于应用开发与服务优化成为社会化问答平台用户研究中亟待深入探讨和解决的问题。从用户数据中挖掘用户特征,旨在全面立体刻画用户的"用户画像",为社会化问答平台用户研究提供了新的研究思路。相关行业从业人员围绕用户画像开展了一系列实践活动,但尚未将用户画像总结上升为理论;且学界对用户画像的理解存在争议,对于用户画像实现与应用的探讨尚不充分。

本书的选题正是在这样的学术前沿和实践需求的背景下提出来的。本书聚焦社会化问答平台管理问题,围绕社会化问答平台用户画像展开研究,具体的研究目标包括:①构建社会化问答平台用户画像模型,为社会化问答平台用户研究和用户数据组织、管理与利用提供新思路;②面向主题生成用户兴趣画像和用户社交画像,进一步明确社会化问答平台用户画像生成的实现流程与方法;③观察不同时间截点面向主题的用户兴趣画像和用户社交画像的动态变化特点,探索面向主题的用户画像的更新策略,为其他类型社会化问答平台用户画像更新提供借鉴和参考。

对应上述研究目标,本书的主要内容包括:其一,在用户画像概念辨析和特征分析的基础上,结合社会化问答平台用户、用户数据和平台功能的特点,提出社会化问答平台用户画像模型,明确社会化问答平台用户画像的生成与更新流程和关键问题;并探讨社会化问答平台用户画像在实现与应用过程中面临的困境,提出解决方案。其二,面向主题进行社会化问答平台用户画像生成的实证研究。主题内容管理和用户关系管理是平台管理中的两个重要问题,本书尝试围绕两个重要问题,生成面向主题的用户兴趣画像和用户社交画像。在用户兴趣画像和用户社交画像生成过程中,探索用户画像生成的具体流程和各环节的实现方法。其三, 面向主题进行社会化问答平台用户画像更新的实证研究, 比较和总结面向主题的用户兴趣画像和用户社交画像随时间变化的特点, 并尝试在此基础上提出面向主题的用户兴趣画像和用户社交画像更新策略。本书的研究具有重要的理论意义和实践价值。

在理论意义方面, 丰富了用户画像理论, 利用用户画像进行社会化问答平台用户研究, 可以在实践中检验和丰富用户画像理论和用户画像研究框架; 拓展了用户研究视角, 使"以用户为中心"的用户研究更加全面、立体和充实, 为当前"以典型用户为中心"或"以核心用户需求为中心"的产品设计和服务理念提供新的实现思路。

在实践价值方面, 能够发现用户的需求、兴趣和偏好, 以此为依据优化信息服务, 有助于平台建设者提高信息服务效率, 提升用户满意度与服务品质; 了解用户的优势、特长和特点, 有助于平台用户结识共同兴趣爱好的个人或群体、寻找领域专家或具有领域特长的核心用户或明星用户, 促进信息和知识交流; 掌握用户动向, 了解用户需求和社会舆论, 能够为政府工作人员制定及时有效的决策提供依据, 有助于提升公共服务质量。

社会化问答平台用户画像研究是一个十分必要但又很有挑战性的课题。有别于以往用户研究的思路与方法, 本书通过用户画像来刻画和揭示社会化问答平台中真实用户的兴趣特征和社交特征, 并在更新用户兴趣画像和用户社交画像的基础上, 探讨用户画像的变化特点与更新策略, 为社会化问答平台用户研究提供了全新的视角和思路。研究从一开始的对象选择、数据获取、切入点的确定, 到后面的理论构想和实证研究, 无时无刻不面临着挑战。由于时间、知识结构及本书篇幅的限制, 还存在着许多有争议或有价值的问题有待深入思考和进一步研究。

本书是国家自然科学基金重点国际(地区)合作研究项目"大数据环境下的知识组织与服务创新研究"(项目编号: 71420107026)、国家自然科学基金面上项目"面向群智感知大数据的群体评价模型与方法研究"(项目编号: 71871102)、国家自然科学基金青年项目"基于多视角学习的社会化问答平台用户画像研究"(项目编号: 71904057)和中国博士后科学基金特别资助项目"面向主题的社会化问答平台用户画像研究"(项目编号: 2018M642884)的研究成果之一; 同时, 得到"中央高校基本科研业务费专项资金"资助。

感谢我的导师马费成教授, 在五年的硕博连读期间, 引领我开启科学研究, 激励我积极向上, 并在工作后仍给予我莫大的鼓励和支持。感谢黄长著教授、夏立新教授、胡昌平教授、查先进教授、唐晓波教授等为本书初稿提供的大量修改建议。感谢张斌博士为书稿内容完善和结构调整提供了宝贵建议，感谢傅维刚博士、张震宇硕士和范斯远硕士在数据采集和算法实现方面给予了技术支持。

在研究过程，尤其是本书成稿过程中，参考了许多学者的论著，他们的成果为本书提供了丰富的素材和理论支撑，书中都以参考文献的形式进行了标注，如有不慎遗漏，亦表示特别的歉意。

笔者的学生刘瑞、徐亚兰、朱沁雨、刘平平和王阳为书稿校对工作提供了大力支持，科学出版社编辑为本书的编辑出版付出了大量艰苦的劳动，在此表示衷心感谢。

目　　录

1 │ 绪　　论

1.1　研究背景及意义

在信息技术迅猛发展的今天，人们或在线开展各项生产生活活动，或从互联网获取信息支持线下各项活动，信息空间与物理世界和人类社会相互依存共同构成了人们赖以生存的三元空间。信息在三元空间中扮演着不可或缺的角色，它是不同空间的链接纽带，更是信息空间各项活动展开的基础。为了更好地组织、管理和利用信息，为用户提供更优质的信息服务，相关领域的研究者们围绕信息、信息使用者及信息技术开展了各项研究活动（iSchool，2014）。其中，聚焦于信息使用者的用户研究由于在以用户为中心的信息服务中扮演着至关重要的角色成为主要的研究方向之一。用户研究涉及的研究内容极其广泛，包括用户需求与服务、用户心理与行为、用户教育，等等，是涉及信息科学、心理学、教育学等多学科的交叉性研究方向。对于信息服务提供者而言，用户研究关注的重点之一是充分理解用户并为用户提供优质的信息服务。

社会化问答平台作为一类典型的信息服务平台集合了大众百科和社交媒体的功能，为用户提供了一个分享和获取知识、结识有共同兴趣爱好朋友的平台。如何充分理解平台用户并为之提供优质的知识服务是信息服务提供者和相关研究人员重点关注的问题之一。在社会化问答平台中，用户可以提出、回答、搜索和浏览问题，评价、关注某些主题或用户，提供自己的基本信息和擅长的知识技能；用户通过参与知识共享和交流活动，满足自身需求，包括信息需求、知识需求、自我实现需求等。用户在使用社会化问答平台的过程中，产生了大量内容多样、形态各异的用户数据，这些用户数据成为观察、理解平台用户的重要信息来源，也成为社会化问答平台用户研究的主要数据来源。例如，用户的提问、回答和浏览记录是用户兴趣爱好的体现，用户的互动行为是用户社交情况的表征，用户的注册信息是用户基本情况的反映。然而，面对来源多样、内容丰富、类型各异的用户数据，如何组织和管理用户数据，为用户特征、兴趣或偏好挖掘提供有效且易于使用的数据来源，并使之更好地服务于应用开发与优化成为社会化问答平台用户研究中亟待深入探讨和研究的科学问题。

目前，主要的用户研究方法包括以访谈、焦点小组为代表的用户调查方法，基于问卷调查、心理实验的统计分析方法，利用文本分析、数据挖掘或机器学习的用户建模方法等（范晓燕，2007）。研究者们在开展用户研究的过程中利用其中一种或多种方法挖掘用户不同方面的特征，服务于应用开发与服务优化。但以社会化问答平台为代表的信息服务平台呈现出用户类型多样、用户信息种类繁多及用户数据类型各异的特点，为了充分理解用户的需求偏好和特征，进一步优化和提升信息服务质量与用户体验，需要从全局出发，充分利用各类用户数据、综合各种用户研究方法进行更为全面立体的用户研究。

围绕如何利用形式各异、内容丰富的用户数据进行用户研究和服务优化，相关行业从业人员提出了"用户画像"的理念。用户画像从丰富的用户数据中挖掘用户特征，并将用户特征抽象为标签的形式，旨在多维度、全面立体地刻画用户。在数据支撑和智能分析的基础上，用户画像能够支持分类统计和用户数据挖掘，指导产品研发和用户体验优化，实现精准化营销和个性化推荐。用户画像在新网络环境下的用户研究中焕发出勃勃生机与活力，也为社会化问答平台用户研究提供了全新的研究思路。然而，相关行业从业人员虽然围绕用户画像开展了一系列的实践活动，但尚未将用户画像总结上升为理论，不同领域的研究者们尝试从不同角度对用户画像进行剖析和总结。计算机领域的研究者认为用户画像分析是推断用户特征的过程、手段和方法，是为每个用户贴上精确标签的有效手段（马超，2017）；统计学领域的研究者将用户画像理解为对现实世界用户的数学建模（李映坤，2017）；心理学领域的研究者认为用户画像是对用户特征的勾画，将用户的特点直观明了地表现出来，以反映用户的触点和痛点，达到与产品和服务的链接甚至是评价（饶璇，2017）；图书情报领域的研究者则将用户画像理解为用户信息标签化，是建立在一系列数据之上的目标用户模型（王凌霄等，2018）。但从目前看来，关于用户画像的内涵、实现流程和技术方法并没有形成得到普遍认可的认识。且专门针对社会化问答平台用户画像的研究十分有限，尚未有研究从更为宏观的角度系统地分析社会化问答平台用户具有哪些特征、用户画像如何生成和更新等问题。因此，对用户画像展开更深入的探讨和研究成为当前用户研究的一个重要研究方向，与此同时，如何利用用户画像进行社会化问答平台用户研究也成为一个新的研究问题。

基于上述背景，本书围绕社会化问答平台用户画像展开研究，并着重进行面向主题的社会化问答平台用户画像生成与更新研究，这里的主题代指社会化问答平台主题页面中包括的所有内容。面向主题进行用户画像生成与更新研究的原因在于：社会化问答平台中的用户总是围绕某一主题展开问答和讨论，且社会化问答平台通常通过主题页面的形式组织用户的问答和讨论。通过面向主题将用户缩小到一定范围，一方面能够聚焦有一定共同兴趣的用户，有助于发现用户兴趣的共性和特性；另一方面能够聚焦信息服务中存在的具体问题，有助于提供有针对性的优化方案和改进策略。因此，本书的研究具有重要的理论意义和实践价值。

（1）理论意义

1）丰富用户画像理论。对用户画像研究进行系统的梳理和总结，有助于充分厘清用户画像的研究范畴、主要特征，明晰用户画像生成流程、实现方法。此外，利用用户画像进行社会化问答平台用户研究，可以在实践中检验和丰富用户画像理论和用户画像研究框架。

2）拓展用户研究视角。用户画像基于用户各方面的信息对用户进行全面的描绘，其中包括了体现用户所处自然环境和社会环境的自然属性与社会属性方面的用户数据，将影响用户需求和偏好的自然、社会环境因素囊括在内，使"以用户为中心"的用户研究更加全面、立体和充实。此外，以群体用户画像为依据进行产品设计开发和优化，为当前"以典型用户为中心"或"以核心用户需求为中心"的产品设计和服务理念提供新的实现思路。

（2）实践价值

1）全面理解用户，提升信息服务。对于信息服务提供者而言，从丰富的用户数据中抽象出用户的主要特征，可以从中发现用户的需求、兴趣和偏好，以此为依据优化信息服务，有利于提高信息服务效率，提升用户满意度与服务品质。

2）了解用户特点，促进知识交流。对于广大平台用户而言，通过面向主题的用户画像能够了解其他用户的优势、特长和特点，帮助用户结识有共同兴趣爱好的个人或群体、寻找领域专家或具有领域特长的核心用户或明星用户，促进信息和知识交流。

3）掌握用户动向，提供决策支持。对于政府工作人员而言，借助面向公共问题相关主题的用户画像可以了解用户需求和社会舆论，掌握网民在公共问题上的动向，为制定及时有效的决策提供依据，有助于提升公共服务质量。

1.2　国内外研究现状

社会化问答平台用户画像研究的落脚点主要包括三个方面：一是明确社会化问答平台用户具有何种特点；二是如何结合社会化问答平台的特点生成社会化问答平台用户画像；三是采取何种方法生成和更新面向主题的社会化问答平台用户画像。围绕上述三个落脚点，本书通过述评社会化问答平台用户研究、社会化问答平台主题研究以及用户画像研究等方面已有的研究成果，寻找值得借鉴和学习的研究思路和方法，并尝试从中发现前人研究中的不足，进一步明确本书研究的切入点。

1.2.1　社会化问答平台用户研究

社会化问答平台（Social Q&A）以社会资源的充分聚合和利用为目标，为广大网民提供了一个获取、发现和共享信息、知识及智慧的平台（Morris et al.,2010a）。近年来，在市场机制的作用下，社会化问答平台由于能够满足用户不断提高的信息质量需求，保持着高速发展的态势，并出现了从搜索式问答向社会化问答转变的趋势（金碧漪和许鑫，2014）。因此，充分理解社会化问答平台用户并以此为优化信息服务的依据成为用户研究的一个重要研究方向。

1.2.1.1　用户研究的视角

目前，社会化问答平台的用户研究主要围绕用户需求、用户行为、用户生成内容（提问或回答）及由用户构成的社会网络展开，在由用户构成的社会网络中，用户需求、用户行为和用户生成内容相互联系与作用（如图 1.1 所示）。

在开展用户研究时，研究者们既关注用户需求、用户行为、用户生成内容及社会网络的特征；也关注用户需求、用户行为、用户生成内容、社会网络及其他环境因素之间的关系和相互作用。因此，可以进一步将社会化问答平台用户研究归纳为特征研究和作用机制研究。其中，特征研究指的是用户特征研究，包括用户需求特征（赵海平和邓胜利，2016）、用户行为特征（邓胜利和刘瑾，2016）、用户生成内容特征及社会网络特征（陈娟等，2017；刘雨农和刘敏榕，2017）。作用机制研究涉及的内容则更为广泛和复杂，它包括围绕不同要素展开的影响因素研究，如用户共享意愿（杨志博，2016）、用户参与意愿（金家华，2015）、

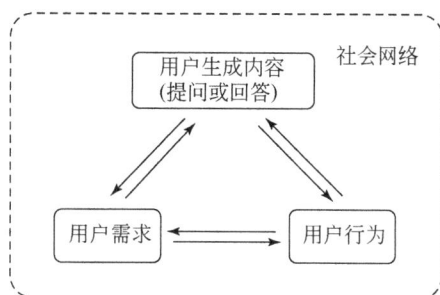

图 1.1　社会化问答平台用户研究的研究对象

用户持续使用意愿等影响因素（江勇威，2016）的研究；也包括不同要素之间的相互作用机制研究，例如，围绕用户需求与用户生成内容相关性展开的内容评价与用户满意度研究（蒋楠和王鹏程，2012），围绕用户需求与用户行为相互作用展开的行为动机研究（陈娟等，2017），以及围绕用户行为与用户生成内容展开的知识共享激励研究（杨志博，2016）等。

1.2.1.2　用户研究的方法

常用的用户研究方法包括以用户访谈、焦点小组为代表的定性研究方法，以及以问卷调查、日志分析、网站流量分析和数据挖掘为代表的定量研究方法等（范晓燕，2007）。在进行社会化问答平台用户研究的过程中同样采用定性或定量研究方法，但在具体方法的选择上会根据社会化问答平台的功能和用户特点进行取舍和改进。

在社会化问答平台用户特征研究中，用户访谈、对比分析等定性研究方法，问卷调查、内容分析等半定量分析方法，以及社会网络分析、聚类分析等定量研究方法，都得到了广泛的应用。例如，在用户需求特征研究中，研究者们通过问卷调查和内容分析将问题划分为推荐类、观点类、知识类等七大类（Morris et al.，2010b）；通过问答实验和对比分析将问题划分为事实性、列举性、定义性、探索性等（吴丹等，2011）。

在用户行为特征研究方面，研究者们利用内容分析方法将用户行为分为知识搜寻行为、知识贡献行为和知识采纳行为三大类（邓胜利等，2017）；借助社会网络分析方法对社会化问答平台用户网络进行结构分析，发现大多数乐于分享知识的用户只专注某些小的知识类别，且这些用户在擅长的知识类别上表现出较大的差异性（Shen et al.，2015）；也有研究者在根据用户提问和问答特点进行用户分类的基础上，利用回归分析方法得到不同类别用户的行为特征（陈娟等，2017）。

在用户生成内容特征研究方面，研究者们利用人工编码、多维尺度分析和聚类分析等方法从 Yahoo! Answers 里关于糖尿病的记录中挖掘出用户对于糖尿病健康信息的偏好（金碧漪和许鑫，2014）。

在社会网络特征研究方面，研究者们借助社会网络分析方法计算社会化问答平台社群图密度和中心度，从中识别出网络中的意见领袖，并集合意见领袖的个人背景和回答行为，归纳出意见领袖的特征（金碧漪和许鑫，2015）。

在社会化问答平台用户要素的作用机制研究中，往往通过文献调研、背景分析和基础理论学习构建平台中不同要素之间的作用模型，然后采用问卷调查、回归分析等方法对模型进行检验和修正。例如，利用问卷调查方法收集用户数据，然后通过回归分析方法检验用户体验模型，得到视觉吸引力和需求满足对用户体验有正向影响，情感对视觉吸引力、需求满足、交互和用户体验的关系有显著的中介作用，以及除用户使用频率和年龄外，其他控制变量对情感、用户体验都没有显著影响的结论（陈娟和邓胜利，2015）。又如，基于使用与满足理论提出影响用户持续使用社会化问答平台的 7 个影响因素，包括信息质量、社会关系、系统质量、平台创新、感知隐私风险、交互感及平台管理，然后利用相关分析和回归分析方法对收集到的问卷数据进行分析，得到信息质量、质量系统、平台创新、交互感及平台管理对用户持续使用意愿之间存在正向相关关系（显著）、感知隐私风险与用户持续使用意愿之间存在负向相关关系的结论（胡守伟，2017）。

在内容评价和满意度研究中，除了采用上述基于问卷调查数据的假设检验方法，也运用了基于内容分析和文本挖掘的总结归纳方法。例如，在建立内容需求与答案选择相关性指标的基础上，对获取的用户答案进行内容分析和数据统计，最终总结出内容类主导、效用类主导、社会情感类主导及多指标类主导的多种内容需求与答案选择之间的作用机制（蒋楠和王鹏程，2012）。

在行为动机研究中，采用的研究方法则包括问卷调查、结构方程建模、用户访谈、内容分析等。例如，利用在线问卷调查和内容分析方法得到用户使用 Yahoo! Answers 的动机包括享受、功效、学习、个人利益、帮助他人、社区利益、社会参与、同感、名誉和互惠等（Oh，2012）；利用网络爬虫收集用户数据，通过回归分析得到用户使用社会化问答平台的动机，包括自我表达、同行认可和社会学习（Jin et al.，2015）；此外，也有利用网络调查、日志与访谈相结合的混合分析方法得到用户使用在线问答社区的动机，包括寻求快速回应、寻求附加或可选择的信息、寻求准确或完整的信息等（Choi and Shah，2017）。

　　在知识共享激励方面，来自不同学科领域的理论被应用到知识共享行为作用模型构建中，包括社会资本理论、社会认知理论、激励理论、动机理论、组织公民行为理论等，采用的研究方法多为问卷调查、结构方程模型、回归分析等定量研究方法（Chiu et al.，2006；Hsu et al.，2007；Sun et al.，2009）。

　　综上所述，定性研究方法如用户访谈、专家访谈、对比分析等由于能够获取最直接、准确的反馈和评判被广泛地应用于在社会化问答平台用户研究中，问卷调查、内容分析等半定量分析方法和回归分析、主题挖掘、结构方程模型、机器学习等定量研究方法由于能够基于大量用户数据实现用户特征挖掘和作用机制发现，逐渐成为主流的社会化问答平台用户研究方法。

1.2.1.3　用户研究中的主题挖掘

　　本书研究的第一个关键问题是如何从用户数据中挖掘用户特征，该问题属于社会化问答平台用户特征研究的范畴。事实上，用户特征研究是从用户数据中挖掘用户不同侧面的特征的过程，而在新的网络环境下，用户数据的类型各异、内容丰富、数量激增，数据挖掘方法在用户特征挖掘过程中发挥着越来越重要的作用。社会化问答平台中的用户数据大多以非结构化形式存在，如用户文档、用户提出的问题、用户提供的回答、用户关注的主题等。在非结构化用户数据挖掘中，主题模型由于出色的文档建模和维度削减能力得到了广泛的应用。

　　主题模型（topic modeling）是自然语言处理中一种发现文档集合中抽象主题的统计模型。Hofmann（1999）在隐性语义索引（latent semantic indexing，LSI）的基础上提出了第一个真正意义上的主题模型，概率隐性语义索引（probabilistic latent semantic indexing，PLSI）。Blei 等（2003）又在 PLSI 的基础上提出的一种基于三层贝叶斯概率的主题模型——潜在狄利克雷分布模型（latent dirichlet allocation，LDA）。主题模型的核心思想在于将文档看成按一定概率分布的主题集合，将主题看作按一定概率分布的词汇集合。它相对于词袋模型（bag of words model）的优越性表现在两个方面：一是主题模型将文档看作主题的集合，而不是词汇的集合，降低了处理维度；二是主题模型中的主题由一系列存在一定语义关系（共现关系）的词汇构成，有别于词袋模型中的词汇相对独立的状态，反映了词汇之间的关联。特别地，由于 LDA 的灵活性，研究者们结合研究任务，可以对 LDA 模型进行不同程度的扩展和延伸，使之在主题挖掘、热点识别和主题演化领域得到广泛应用。

在主题挖掘方面，张晨逸等（2011）提出了一个基于 LDA 的微博生成模型 MB-LDA，它综合考虑了微博联系人关联关系和文本关联关系，用于辅助微博主题挖掘；阮光册（2014）针对在线用户品论信息内容短、信息量少的特征，结合 LDA 模型和 HowNet 知识库进行信息分析，实现在线用户评论信息的主题挖掘；祝娜等（2015）利用语义角色标注技术对科技文献中的科技创新内容进行语义标引，构建 LDA 主题语义识别模型，根据表征科技创新内容的关键词的语义角色对应的上位词的概率识别出科技创新主题。

在热点识别方面，罗辉停（2012）将 LDA 模型应用于用户评论热点挖掘，为了克服应用 LDA 模型无法自动确定热点数目的问题，提出了应用中餐馆模型（CRP）挖掘用户评论热点的方法；唐晓波和向坤（2014）在考虑微博本身数据特点和信息量的基础上，提出微博热度的概念，并将其引入到 LDA 模型中，构建基于微博热度的 LDA 模型；陈晓美等（2015）集合舆论主题和情感因素，基于 LDA 模型提取网络舆情观点，从海量评论中判定深度评论，获取主要观点。

在主题演化方面，胡吉明和陈果（2014）针对当前网络环境下文本内容特点，构建适用于动态文本内容主题挖掘的 LDA 模型，并通过改进的 Gibbs 抽样方法提高主题挖掘的准确性，在此基础上从主题相似度和强度两个方面研究内容主题随时间的演化问题。关鹏和王曰芬（2015）将 LDA 主题模型与科学文献生命周期理论结合起来，提出一种挖掘学科领域生命周期语义信息的方法。此外，LDA 模型还被应用在博客垃圾评论识别（刁宇峰等，2011）、评论排序（吕韶华等，2011）等方面。

1.2.2 社会化问答平台主题研究

在社会化问答平台中，对"主题"有两种理解：一种是普遍意义上的含义，即文本主要内容的揭示和概括，如问题"How do I boost my YouTube videos with 5000 views?"的主题是"social media"；另一种含义是指主题页面，也称为话题页面，社会化问答平台将具有相同主题的提问汇集到主题页面中，每个主题页面中包含了用户提问和回答、主题页面统计信息（如问题数量、关注者数量等）、相关主题页面列表等。在围绕主题展开研究时，第一种理解侧重文本内容的挖掘和分析，第二种理解则涉及更加宽泛的研究内容。因此，本书将社会化问答平台的主题研究分为基于主题的研究和面向主题的研究。在基于主题的研究中，主题是第一种理解，表示一种研究方法或研究内容；在面向主题的研究中，主题是第二种理解，表示研究对象。

1.2.2.1　基于主题的研究

基于主题的社会化问答平台研究主要以用户生成内容（提问或回答）为研究对象，面向应用进行主题挖掘和特征分析。例如，以专业主题词表为依据对社会化问答平台中用户的提问和回答进行数据编码，得到主题特征分布（金碧漪和许鑫，2015）；在内容分析、情感分析和语言分析的基础上将用户关注的问题进行进一步的分类（Bowler et al., 2012；Oh et al., 2013）；利用主题挖掘方法发现用户擅长的领域，并以此为个性化专家排序和推荐的根据（杨斯崐，2014）；或是同样利用主题挖掘方法发现用户提问的潜在语义，确定用户提问的主题，进行准确的问题归类（战学刚和王晓，2016）。

基于主题的社会化问答平台研究主要利用内容分析、主题分析、情感分析等研究方法进行研究，其中的主题分析方法最为常用。目前常用的主题分析方法包括基于主题模型的方法、基于文本聚类的方法及基于关键词统计的方法。主题模型方法在上一节中已经着重介绍；基于文本聚类的方法则主要采用 K-means 算法、基于密度的 DBSCAN 聚类算法和基于高斯混合模型的 EM 算法（骆卫华等，2002）；基于关键词统计的方法主要通过提取关键词，对关键词进行统计，用关键词表示文本内容的主题（Zhang，2010）。

1.2.2.2　面向主题的研究

如果从广义的角度理解面向主题的社会化问答平台研究，以某一或某些主题为例开展的研究都将包括在内；如果从狭义的角度理解面向主题的研究，则特指将主题页面包含的内容作为一个整体，并以此为研究对象开展的研究。本书的第二个关键问题——采取何种方法生成面向主题的社会化问答平台用户画像，属于狭义的面向主题的研究的范畴，因此，这里着重围绕狭义的面向主题的研究展开文献梳理。

狭义的面向主题的研究包括主题内容组织和维护、主题内用户互动机制研究、主题间差异分析等。在主题内子话题识别方面，利用线性加权方法提取主题中用户问答内容的关键词，然后从关键词中提取出用户讨论的热点，进而提炼出主题下用户讨论内容的子话题（黄鲁成等，2016）。

在主题内用户作用机制研究方法方面，通过内容分析和对比分析发现主题内用户作用机制主要包括"发起协作"和"协作响应"，在"发起协作"的动作中提问和置疑占据大多数，并且协作大多发生在提问者和评论者之间（黄梦婷和张鹏翼，2015）。

在主题内用户社会网络分析方面，研究者们以主题下的用户为研究对象，从网络密度、凝聚子群角度描述主题下用户关系网络，同时通过分析网络中节点的中心性、结构洞占有程度确定网络中处于群里顶端的节点。研究表明，主题中的用户呈现出高密度特征，信息交流频繁，网络呈现明显的向心性；处于中心位置的节点本身占据大量信息资源，形成了控制其他行动者信息资源获取的能力，在传播网络的信息生产和传播过程中都居于优势地位（宋文丹，2015）。

1.2.2.3 健康相关的主题研究

社会化问答平台中用户讨论的内容涉及生活的方方面面，包括健康、教育、科技、艺术、文化、经济等。以健康为例，在健康相关的主题研究同样可以分为面向主题的研究和基于健康主题的研究。

在基于主题的研究中，相较于广泛的健康问题（如健身、瘦身、养生等），研究者们更加关注对健康构成较大威胁的疾病，包括癌症（Tsuya et al.，2014；Oh et al.，2016）、糖尿病（Zhang and Zhao，2013；Zhang et al.，2014）、厌食症（Bowler et al.，2012；Bowler et al.，2013）、性传播疾病（Oh et al.，2012）等；并且主要围绕用户关心哪些健康信息、用户的健康信息需求有哪些特点展开。例如，有研究团队对 Yahoo! Answers 中关于厌食症的用户提问进行分析，在内容分析的基础上得到了一个包含 5 个主题和 11 个子类的厌食症信息需求框架，其中 5 个主题分别为信息需求、情感支持需求、交流需求、自我表达需求和帮助需求；并且在情感分析和语言分析的基础上将厌食症相关的用户提问划分为社会情感类和信息类（Bowler et al.，2012；Bowler et al.，2013）。也有研究团队关注糖尿病主题下的用户提问，通过分析词汇的共现关系，对用户糖尿病信息需求进行了深入剖析，构建了 12 个分别表示糖尿病不同方面的词汇图谱，并分析了不同类别下用户提问的词汇特点以及词汇之间的相互关系（Zhang and Zhao，2013；Zhang et al.，2014）；还有研究者在构建糖尿病相关信息类目体系的基础上，对 Yahoo! Answers 中糖尿病相关的记录进行人工编码、多维尺度分析和聚类分析，发现消费者关注最多的是日常疾病管理、疾病确诊和治疗，对疾病预防缺乏应有的关注度（Zhang et al.，2014）；类似的，有研究者以四种疾病相关的问答为例，利用 TF-IDF 提取疾病特征词，集合 MeSH 词表和迭代法思想，将特征词归纳为十项需求类目，构建消费者健康信息需求模型。

面向健康主题的研究则将主题下的内容看作一个整体，每个主题由用户和用户生成内容（提问和回答）构成。由于主题中的用户的角色呈现出多元化的特点，且不同类型用户的信息需求存在较大的差异，因此，许多研究者们关注不同类型用户的健康信息需求差异。例如，一般用户（未成年、成年和老年人）和特殊用户（病人、医务人员、少数民族）的健康信息需求存在较大差异：在使用网络健康信息的程度上，特殊用户高于普通用户，特别是老年人使用计算机搜索信息的能力成为影响健康信息利用程度的重要影响因素；在使用网络健康信息的内容上，特殊用户更倾向于高质量的特定疾病相关的信息，而一般用户的健康信息需求则较为分散（刘亚君和兰小筠，2011）。例如，一般用户健康信息需求的分散性体现在不同疾病患者的健康信息需求各有特点；而乳腺癌患者更关注疾病可能给家人和个人生活带来的长期影响，泌尿系统疾病患者则更关注疾病的短期改善方法，同时，他们都不关注与治疗相关的检查或实验结果（Valero et al.，2014）。

此外，面向健康主题的研究也涉及健康信息的利用、健康信息搜寻和健康信息分享（赵海平和邓胜利，2016）。例如，通过内容分析方法比较不同问答平台用户利用网络健康资源的特点及不同小组之间的差别（Blank et al.，2010）；通过问卷调查方法了解糖尿病患者社交媒体的使用情况和信息搜寻特点（Shaw and Johnson，2011）；通过链接特征提取和对比分析得到用户在使用社交媒体进行健康信息分享时的资源选择偏好（Syn and Oh，2011）。

健康相关的主题研究是社会化问答平台主题研究的一个切面，具有代表性和适用性，也为本书研究的开展提供了研究思路和研究方法的借鉴。

1.2.3　用户画像相关研究

用户画像是一个新兴的概念，本节首先追溯了用户画像的起源和不同领域学者对用户画像的理解。由于目前专门针对社会化问答平台用户画像的研究十分有限，本节通过总结各种类型用户画像的实现流程和方法，以此为社会化问答平台用户画像研究的基础，并尝试从中发现目前用户画像研究中存在的不足，作为本书研究的切入点。

1.2.3.1　用户画像的起源

丰富多样的网络信息服务平台为广大网民提供了便捷、及时、有效的信息获取渠道，用户在利用其获取或分享信息时留下的大量个人信息、用户文档和行为数据，这些用户数据成为用户研究的重要数据来源。面对丰富的用户数据资源，如何建立有效的用户数据管理机制，为用户研究提供及时、有效的用户数据，并使之更好地服务于信息服务成为信息工作者亟待解决的重要问题之一。围绕如何利用形式各异、内容丰富的用户数据进行用户研究和服务提升，相关行业从业人员提出了"用户画像"的理念。"用户画像"从丰富的用户数据中挖掘用户特征，并将用户特征抽象为标签的形式，旨在多维度、全面立体地刻画用户。在数据支撑和智能分析的基础上，用户画像能够指导产品研发和用户体验优化，实现精准化营销和个性化推荐。然而，相关行业从业人员虽然围绕用户画像开展了一系列的实践活动，但尚未将用户画像总结上升为理论，关于用户画像的内涵和外延、实现流程和技术方法并没有形成普遍认可的认识。

基于用户画像在用户研究中的重要性和理论研究不足的现状，不同领域的研究者们尝试从不同角度对用户画像进行剖析和总结。综合看来，目前学界对于"用户画像"的理解主要有两种声音：一部分人将其等同于"用户角色"，另一部分则将其等同于"用户模型"。

1.2.3.2 用户画像的实现方法

用户画像的类别多样，从不同的角度可以划分为不同的类别。不同类型用户画像的生成流程和方法各有侧重，但综合看来，可以将用户画像生成流程归纳为五个主要环节：数据收集与处理、用户属性划分、用户特征挖掘、用户画像表示以及用户画像更新。

1.2.3.3 用户画像的应用场景

用户画像在不同的应用场景均有所应用，例如，基于基站通信网络数据，从移动用户频繁活动、规律行为以及移动速度三个方面生成的移动用户画像（黄文彬等，2016）；孟巍等（2017）提出了涵盖基本信息、用电行为、缴费行为、诉求行为以及社交行为的电力用户画像；王智囊（2016）则通过构建了包含人口统计学属性、医疗领域标签和用户社交关系三个维度的多层次医学用户画像进行医疗信息的精准推荐。此外，用户画像也被应用于多种信息服务平台，包括社交媒体、电子商务网站、数字图书馆、社会化问答平台等。

1.2.4　研究现状评述

　　围绕社会化问答平台展开的用户研究、主题研究以及用户画像相关研究是近年来相关领域的研究热点,取得了丰富的研究成果。与此同时,现有研究中也存在许多改进空间和有待进一步探索的方面。

　　在社会化问答平台用户研究方面,主要围绕用户需求、用户行为、用户生成内容(提问或回答)以及由用户构成的社会网络展开,可以进一步归纳为特征研究和作用机制研究。尽管目前用户研究的内容十分丰富,但综合用户需求、用户行为和用户生成内容的用户研究鲜有涉及。此外,以小组访谈、专家访谈、对比分析为代表的定性分析方法,以问卷调查、内容分析为代表的半定量分析方法以及以聚类分析、回归分析、主题挖掘、情感分析、结构方程模型、机器学习为代表的定量研究方法在用户研究中得到了广泛的应用。但在社会化问答平台用户画像研究中应采用何种方法挖掘用户特征仍有待进一步研究和探讨。

　　在社会化问答平台主题研究方面,可以根据对"主题"的不同理解分为基于主题的研究和面向主题的研究。前者将主题作为研究方法或研究内容,后者将主题(或主题页面)中包含的内容看作一个整体,作为研究对象进行研究。两者在研究内容上各有侧重,前者侧重面向应用进行文本内容的主题挖掘和特征识别;后者则涉及更为广泛的研究内容,例如主题中内容组织和维护、主题内用户互动机制研究、主题间差异分析等。尽管两者在研究内容上有所区别,但在研究方法的选择上,两者有交叉和融合。同样地,面向主题的研究目前较少从全局出发对用户基本特征、需求特征和行为特征等进行综合考量。

　　用户画像是用户研究的创新性探索,尽管业界正在不断累积用户画像的实践经验,但目前尚未总结上升为理论,关于用户画像的内涵和外延并没有广泛认可的权威定义,有待进一步的剖析和总结。不同类型用户画像的生成流程和方法各有侧重,但综合看来,可以将用户画像的生成流程归纳为五个主要环节:数据收集与处理、用户属性划分、用户特征挖掘、用户画像表示以及用户画像更新。此外,关于用户画像更新的研究有限,还需在借鉴用户模型的更新方法的基础上进行更加深入的思考。特别地,目前专门针对社会化问答平台用户画像的研究十分有限,综合现有研究可以发现,尚未有研究从更为宏观的角度系统地分析社会化问答平台用户具有哪些特征、用户属性如何划分和度量、用户特征如何抽取、用户画像如何表示和更新等。

综上所述，社会化问答平台用户研究、主题研究以及用户画像研究目前仍然处于相互联系但相对独立的状态。本研究在借鉴前人优秀研究成果的基础上，开展社会化问答平台用户画像研究。

1.3　研究内容与思路

1.3.1　目标与内容

围绕社会化问答平台用户研究、主题研究和用户画像研究中存在的问题，本书以社会化问答平台 Quora 为例开展社会化问答平台用户画像研究。本书的研究目标包括：①构建社会化问答平台用户画像模型，为社会化问答平台用户研究和用户数据组织、管理和利用提供新思路；②面向主题生成用户兴趣画像和用户社交画像，进一步明确社会化问答平台用户画像生成的实现流程和方法；③观察不同时间截点面向主题的用户兴趣画像和用户社交画像的动态变化特点，探索面向主题用户兴趣画像和用户社交画像的更新策略，为其他类型社会化问答平台用户画像更新提供借鉴和参考。围绕上述研究目标，研究围绕以下三个方面展开。

（1）社会化问答平台用户画像模型研究

在用户画像概念辨析和特征分析的基础上，结合社会化问答平台用户、用户数据和平台功能的特点，提出社会化问答平台用户画像模型，明确社会化问答平台用户画像的生成与更新流程和关键问题。

（2）面向主题的用户画像生成研究

这部分通过限定主题范围来缩小用户范围、聚焦有一定共同兴趣的用户，面向主题进行社会化问答平台用户画像生成的实证研究。主题内容管理和用户关系管理是平台管理中的两个重要问题，本书尝试围绕两个重要问题，生成面向主题的用户兴趣画像和用户社交画像。在用户兴趣画像和用户社交画像生成过程中，探索用户画像生成的具体流程和各环节的实现方法。

（3）面向主题的用户画像更新研究

由于用户兴趣和社交状态具有动态性，选取另一时间截点生成新的面向主题的用户兴趣画像和用户社交画像，比较和总结用户兴趣画像和用户社交画像随时间变化的特点；并尝试在此基础上提出面向主题的用户兴趣画像和用户社交画像更新策略。

1.3.2　研究思路与技术路线

　　本书的研究分为三个阶段，分别是研究准备阶段、模型研究阶段和实证研究阶段。研究准备对应本书的第 1 章和第 2 章，模型研究对应本书的第 3 章，实证研究对应本书的第 4 章、第 5 章和第 6 章。

　　研究的技术路线图又分为四个部分，分别是文献调研与数据收集、用户画像模型构建、用户画像生成和用户画像更新。其中，后三个部分是本书研究的核心内容。这四个部分之间的关系如图 1.2 所示。

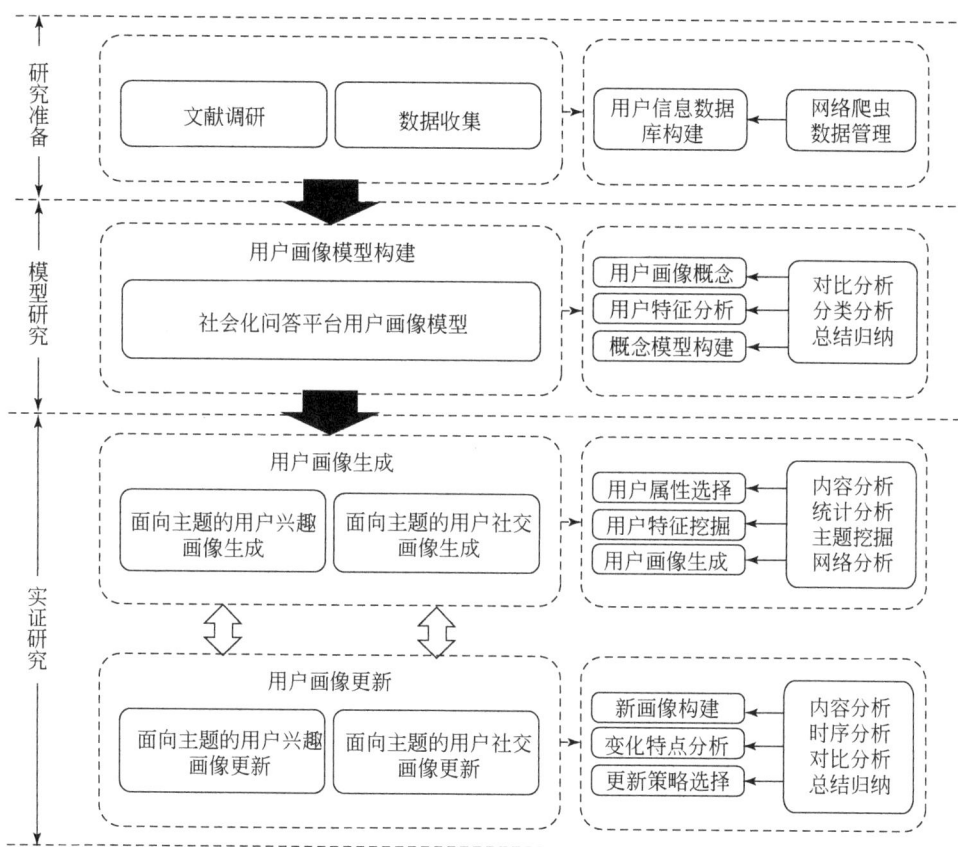

图 1.2　技术路线图

（1）文献调研与数据收集

跟踪国内外相关领域的主要研究现状和最新进展，总结研究成果，归纳主要问题，为研究开展奠定理论和实践基础。重点以社会化问答平台（social q&a）、社交媒体（social media）、用户研究（user research）、数据挖掘（data mining）、用户角色（user persona）、用户模型（user model）、用户画像（user portrait/user profile/user labeling）等关键词进行文献梳理。根据现有成果，总结用户研究主要思路和方法、社会化问答平台用户特征、用户画像生成流程和方法以及用户画像的更新策略与机制。此外，利用网络爬虫获取社会化问答平台的用户数据，构建用户数据库，作为用户画像生成与更新的数据来源。

（2）用户画像模型构建

该部分由三个部分组成，分别是用户画像的概念和特征分析、社会化问答平台用户特征分析、社会化问答平台用户画像模型构建。①用户画像的概念与特征分析。该部分从产生背景、核心目标、实现方法、应用场景等方面对"用户角色""用户模型"和"用户画像"进行对比分析，进而厘清"用户画像"的内涵、研究范畴以及特征。②社会化问答平台用户特征分析。该部分首先对用户数据类别进行分类分析，然后根据平台用户、用户数据及平台功能的特点，对用户属性维度进行划分、归纳和总结。③社会化问答平台用户画像模型构建。该部分提出了社会化问答平台用户画像模型，并对模型的组成部分以及各组成部分之间的关系进行分析和梳理。

（3）用户画像生成

为了缩小目标用户的范围、聚焦具体的应用场景，实证研究部分面向主题开展用户画像生成和更新研究。面向用户画像的生成流程将遵循上一部分提出的社会化问答平台用户画像模型中的用户画像生成流程。该部分以平台管理中的两个重要问题内容管理和用户关系管理为例，面向主题生成用户兴趣画像和用户社交画像。在面向主题生成用户画像时，需求分析之后主要包括用户属性选择、用户特征挖掘和用户画像表示三个环节。其中，用户特征挖掘过程中综合运用了内容分析、信息计量和主题挖掘和网络分析方法。

（4）用户画像更新

该部分在上一部分的基础上进行用户画像更新实证研究。首先选取新的时间截点，构建新的面向主题的用户兴趣画像和用户社交画像，然后通过比较分析、时序分析、内容分析和统计分析等方法，总结用户兴趣画像和用户社交画像随时间变化的特点，最后基于用户画像的变化特点，提出用户画像更新策略。

1.4　研究特色与创新之处

社会化问答平台用户画像研究的特色在于：有别于以往用户研究的思路和方法，将用户画像引入社会化问答平台用户研究中，从更全面、立体的视角组织、管理和利用社会化问答平台中的用户数据，为社会化问答平台或其他信息服务平台的用户研究提供了新的思路。

社会化问答平台用户画像研究的创新之处在于：

1）构建了社会化问答平台用户画像模型。在对用户画像进行概念辨析和特征分析的基础上，结合社会化问答平台用户、用户数据和平台功能的特点，提出了社会化问答平台用户画像模型的构建思路，构建流程包括用户数据获取、属性沙盒搭建、用户画像实现和用户画像应用等四个步骤。其中，用户画像实现部分又包含了用户画像生成与更新流程，该模型为社会化问答平台的用户数据管理和利用提供了新的思路和框架，对社会化问答平台用户研究具有理论指导意义。

2）生成了面向主题的用户兴趣画像和用户社交画像。内容管理和用户管理是社会化问答平台管理中两个极其重要的方面，本书聚焦高血压主题在内容管理和用户管理中存在的问题，以社会化问答平台用户画像模型为指导，分别选取用户兴趣属性和用户社交属性类别下的用户属性对应的用户数据作为数据来源，并通过主题挖掘和社会网络分析方法挖掘用户兴趣特征和用户社交特征，生成了面向主题的用户兴趣画像和用户社交画像，为社会化问答平台用户画像生成研究提供了借鉴。

3）提出了面向主题的社会化问答平台用户画像的更新策略。以面向高血压主题的用户兴趣画像和用户社交画像为例，在比较不同时间截点的用户画像的差异的基础上，总结了面向主题的用户画像随时间变化的特点，并以此为依据提出了面向主题的用户兴趣画像和用户社交画像的更新策略，对社会化问答平台用户画像更新研究具有一定参考价值。

2 | 基 本 理 论

2.1 用户画像理论

2.1.1 用户画像的概念与特征

2.1.1.1 用户画像概念辨析

目前学界对于"用户画像"的理解主要有两种声音：一部分人将其等同于"用户角色"（user persona），另一部分人将其理解为"用户模型"（user model）。下面分别从产生背景、核心目标、实现方法和应用场景四个方面对"用户角色""用户模型"和"用户画像"进行对比分析，进而厘清"用户画像"的内涵及其研究范畴。

从产生背景上看，"用户角色"最早由交互设计师 Cooper（2004）提出，提出之初是为了解决产品设计者与开发者之间沟通困难的问题。用户角色不是真实的用户，它是目标用户群体的虚拟代表。用户角色被表示为易于产品设计和开发人员理解的形式，帮助他们快速建立用户需求和产品功能的联系，并达成共识，图 2.1 为用户角色示例。"用户模型"产生于计算机领域，是利用用户数据对每个用户建立的计算机可读的模型（Rich，1979a；Rich，1979b）。用户模型是面向计算机的，通常没有具象化的表示。而"用户画像"产生于互联网工业界，旨在全面立体地揭示用户特征。用户画像的提出是为了全面利用多来源、多渠道的用户数据，从而为产品设计和开发、服务提升和改善、精准营销等提供决策支持和依据，图 2.2 为用户画像模型示例。

从核心目标看，"用户角色"的目标是用户特征发现与用户虚拟化，旨在为开发人员和设计人员提供可读可理解的用户描述；"用户模型"的目标同样是用户特征发现与组织，但突出的是用户模型化，即计算机可读可理解；而"用户画

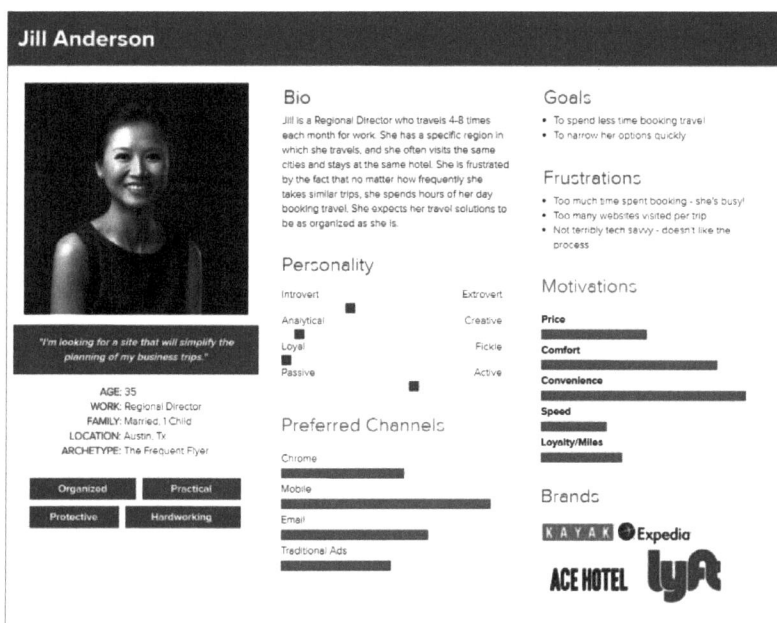

图 2.1 用户角色示例

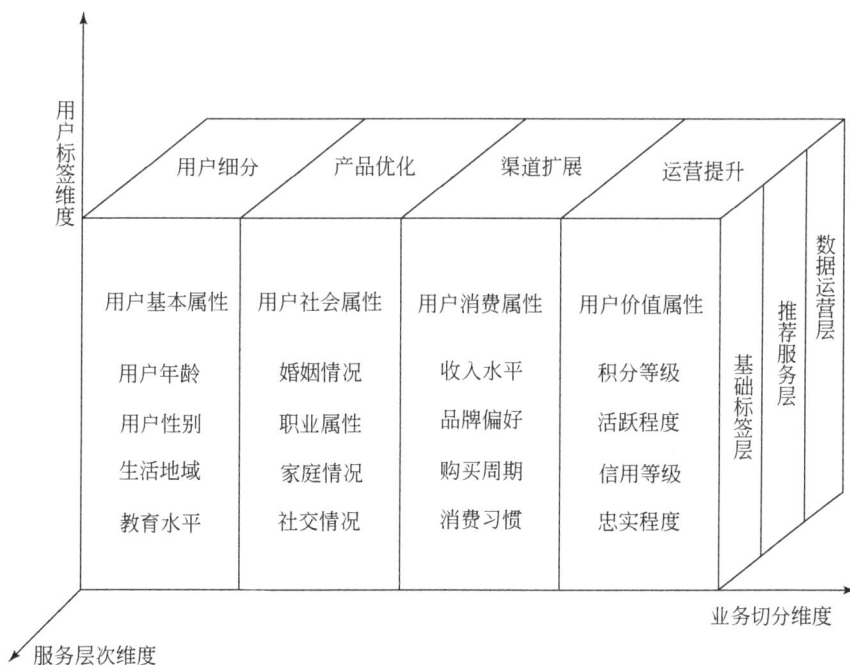

图 2.2 产品用户画像模型示例

像"的目标是全面、立体地揭示用户特征，实现用户数据最大程度的整合、组织、管理和利用。从实现流程与方法看，用户角色和用户模型的实现包括三个关键环节：①用户数据来源；②特征获取方法/用户建模方法；③呈现方式。用户角色的用户数据主要来自用户访谈、问卷调查和直接观察（Junior and Filgueiras，2005；Putnam et al.，2012；Lerouge et al.，2013）；用户模型的用户数据来源以网络日志、在线用户数据为主，即从服务器端下载存储的用户数据或网络爬虫爬取的公开的用户数据（Billsus and Pazzani，2000；吴瑞，2007；Tang et al.，2015）。用户角色主要在用户信息内容分析的基础上，对用户特征、生活习性、主要意图、个人偏好等进行分类描述（Nielsen and Hansen，2014）；而用户模型主要通过数据挖掘、机器学习、智能推理等方法获取用户特征。此外，用户角色主要以自然语言文档的形式呈现用户描述，篇幅通常在 1 ~ 2 页；而用户模型则以计算机可读的数字化形式存储于计算机当中（如列表、向量、概念图、本体等），用户模型通常无需直观地呈现在开发利用人员或使用人员面前。用户画像的实现则包括四个关键部分：①用户数据来源；②用户属性划分；③用户特征挖掘；④用户画像表示。其中，用户数据来源于与用户模型一致，但可能涉及跨平台、跨系统的用户数据；获取用户数据后通过划分用户属性对用户数据进行组织和管理；并综合运用内容分析、数据挖掘、机器学习和智能推理等方法从用户属性对应的用户数据中挖掘用户特征；最后将用户特征表示为计算机可读或易于用户画像使用者理解的形式。

从应用场景看，用户角色主要用于帮助产品设计人员捕捉用户需求或特征，进行交互设计，帮助开发人员理解产品功能和开发目标；用户模型主要用于帮助服务提供者发现用户特点与使用习惯为产品优化提供支持，为个性化服务提供保障；而用户画像的应用场景更为宽泛，既可应用于产品开发时期的用户需求分析和功能设计，也可应用于产品维护时期的产品优化和服务提升，为实现全面、精准服务提供支持。

将上述分析综合到表2.1中，从表中可以看出，"用户画像"与"用户角色"在产生背景、核心目标、实现流程与方法以及应用场景等方面均存在明显差异，不应将两者混为一谈。尽管"用户模型"与"用户画像"在实现方法上存在一定交叉重合，但两者的核心目标和应用场景存在较大差异，更为关键的是，"用户画像"在用户数据管理理念方面更具全局性，在用户数据组织方面更具逻辑性和联系性，在用户特征表示方面更具可读性和灵活性，因此，不应简单地将"用户画像"归类为"用户模型"。本研究将"用户画像"理解为用户特征的集合。而用户特征的获取是建立在一系列信息收集与处理的基础之上，首先需要从多来源、多渠道获取用户数据，并通过建立用户属性与用户数据的对应关系进行用户数据分流和管理，然后综合运用内容分析、数据挖掘、机器学习和智能推理等方法，从用户属性对应的用户数据中挖掘用户特征。

表2.1 "用户角色""用户模型"与"用户画像"的对比分析表

类别	用户角色 （user persona）	用户模型 （user model）	用户画像 （user profile）
产生领域	交互设计领域	计算机领域	互联网工业界
核心目标	用户核心特征发现 用户虚拟化	用户特征发现与组织 用户模型化	用户特征揭示 用户数据整合和利用
实现流程与方法	1）用户数据来源 访谈 问卷调查 直接观察 …… 2）特征获取方法 内容分析 分类 概括 3）呈现方式 自然语言文档	1）用户数据来源 访谈 问卷调查 网络日志 在线信息 …… 2）用户建模方法 分类 聚类 贝叶斯分类 神经网络 …… 3）呈现方式 关键词列表 向量 本体 ……	1）用户数据来源 访谈 问卷调查 网络日志 在线信息 …… 2）用户属性划分 3）用户特征挖掘 内容分析 数据挖掘 统计分析 网络分析 机器学习 智能推理 …… 4）用户画像表示 标签 ……
应用场景	面向产品设计与开发	面向个性化服务	面向全面服务、精准服务

由于对"用户画像"理解存在差异，"用户画像"的英文翻译也存在一定争议，目前使用最多的是"user modeling""user model""persona""user profile"，还有少数使用"user labeling""user portrait"等。根据本研究对"用户画像"的理解，选择"user persona"（用户角色）、"user model"（用户模型）或是"user modeling"（用户建模）表示用户画像均不恰当，"user profile""user portrait"和

"user labeling"更加贴近用户画像的含义。通过文献回顾发现，选择"user portrait"作为"用户画像"的英文翻译的主要是国内学者，国外学者更倾向于使用"user profile"表示"用户画像"。因此，为了揭示用户画像的含义，同时兼顾国际通用性，本研究选择"user profile"作为"用户画像"的英文翻译。

2.1.1.2 用户画像特征分析

用户画像是一个具有交叉性和融合性的概念，它融合了用户角色以典型用户为核心的思想，继承和发展了用户模型的实现方法，但在核心目标和应用场景上与两者有明显差别。用户画像是各类用户特征描述的集合，它从用户属性的角度对各类用户数据进行分流和重组，是一个复杂的系统。综合看来，用户画像包括画像类型多样化、数据来源多样性、用户数据属性化和用户标签动态化等四个方面的特征。

（1）画像类型多样化

首先，可以将用户画像分为群体用户画像和单个用户画像。群体用户画像是某一用户群体的特征集合；单个用户画像则是某个用户特征的集合。其次，从不同层面观察和理解用户将得到不同类型的用户画像，可以分为完整用户画像、局部用户画像和分面用户画像。其中，完整用户画像从全局出发、从各种用户数据中挖掘出用户所有的特征；局部用户画像以应用为出发点，关注用户与应用开发相关的用户数据，旨在描绘出用户的局部特征，如电商用户画像、外卖市场用户画像、医学人物画像等；分面用户画像则聚焦用户与应用开发相关的用户数据的不同维度，旨在描绘出局部用户画像的某个分面或侧面，如电商用户画像的购买能力维度、外卖市场用户画像的订餐习惯维度、医学人物画像的医学领域维度。尽管局部用户画像和分面用户画像只是完整用户画像的一部分，但其核心都在于以用户为中心，利用各类用户数据揭示用户特征。

（2）数据来源多样性

用户画像数据来源的多样性主要体现在三个方面：①来源渠道多样性，用户在互联网的不同场景中留下了各种各样的用户数据，如注册信息、浏览收藏记录、反馈数据及用户生成内容等；②数据类型多样性，不同渠道的用户数据往往被存储在不同类型的载体中，如表格、文字、图片、音频及视频等；③数据内容多样性，存储在不同类型载体中，来自不同渠道的用户数据在内容上具有极大的丰富度和多样性，它们涉及用户的方方面面，包括基本信息（如年龄、性别、居住地、职业、婚姻状况等）、兴趣爱好（如书籍、电影、动漫、美食、健身等）

及与应用场景相关的信息（例如，在商品推荐场景中，购买能力是用户数据的一个重要方面）。

（3）用户数据属性化

用户数据属性化指的是建立用户数据与用户属性的对应关系，即从用户属性的角度对用户数据进行分流和管理。用户属性是用户具备的共同特征的集合，从用户属性的角度划分用户数据有助于发现用户数据的共性和特性，也能更好地结合具体的业务内容。在对用户数据进行分流之前，需要划分用户属性维度，而每个用户属性维度由多个用户属性构成。用户属性维度及其组成取决于用户所处的信息环境及相关用户数据的特点。

（4）用户标签动态化

用户画像的特征之一是用标签描述用户的特征，即用户特征标签化。但这里对标签的定义更为宽泛，标签的内容和表现形式多样，既有易于计算机处理的词汇、概念或主题向量或网络等，也有便于使用人员理解的短语、标签云、图片等。但由于用户特征会随时间发生动态变化，为了保证用户画像的有效性需要对用户标签进行动态更新。用户标签更新内容包括删除、增加、修改、调整标签权重等。

2.1.2 用户画像的实现方法

用户画像的类别多样，从不同的角度可以划分为不同的类别。从指代对象的角度可以分为个体用户画像和群体用户画像。例如，张哲（2015）基于微博数据得到单个用户的用户类型标签、安全标签和统计标签，得到单个用户画像；并在此基础上通过用户合并和统计分析，得到体现群体用户特征的批量用户画像。但由于产品开发或服务提供大多"以典型用户（核心用户）需求为中心"，群体用户画像在用户画像研究和实际应用中更为常见。从业务类型的角度可以分为移动用户画像（黄文彬等，2016）、电力用户画像（孟巍等，2016）、医疗用户画像（盛姝等，2021）等。

不同类型用户画像的生成流程和方法各有侧重，但综合看来，可以将用户画像生成流程归纳为五个主要环节：①数据收集与处理；②用户属性划分；③用户特征挖掘；④用户画像表示；⑤用户画像更新。

2.1.2.1 数据收集与处理

不同类型用户画像的用户数据来源和类型各异，根据用户数据的内容差异可以将其分为三种类型：①用户基本信息，主要指描述用户自然属性的信息，包括性别、年龄、职业、学历、收入等。用户基本信息是用户自然属性的反映，而用户自然属性是用户的基本属性之一，因此用户基本信息是一类重要的用户画像数据来源。②用户行为信息，主要指用户在使用网络平台时留下的信息，可以分为用户不可见信息和用户可见信息两种类型，前者包括存储于平台服务器的用户查询日志、用户请求日志等，如搜索引擎用户的搜索、查询、浏览、点击记录等，或者电信用户的通话日志和网络请求日志等；而后者指可以直接从网络平台中获取用户行为记录，如微博用户的点赞数、粉丝数、关注数、自定义标签等。用户行为信息是用户偏好、习惯和性格的直接反映，通过用户行为信息可以获取用户行为特征和兴趣爱好特征。③用户生成内容，指用户在各类网络应用（如论坛、百科、微博、网络社区、问答平台等）中生成的信息，包括文字、图片、音频和视频等。用户生成内容中包含了用户参与网络生活的方方面面，可以从中挖掘出丰富的用户特征，因而成为用户画像的重要信息来源之一。

根据用户的参与形式可以将用户数据获取方式分为直接获取和间接获取。直接获取方式也称显式用户反馈，是在用户有意识的情况下收集用户数据，包括要求用户注册时登记个人信息、向用户发放问卷或进行访谈获取用户反馈、邀请用户参与心理实验得到用户使用数据等。这种方法可以获取准确的用户数据，有助于激发用户的思考，但容易受到主观因素的影响，如出于隐私保护的考虑，提供虚假甚至错误的个人信息和用户反馈。间接获取方式也称隐式用户反馈，是在用户无意识的情况下收集用户数据，包括从服务器中下载的用户行为记录、利用网络爬虫爬取用户在互联网中生成的内容等。这种方法收集的用户数据是用户真实行为及心理的直接反映，可以在一定程度上屏蔽用户主观因素的影响，但数据获取的难度远远大于前者，且涉及隐私保护问题。新的网络环境提供了获取互通共融的用户数据的平台和机会，用户数据的体量日益庞大、内容更加丰富多样。由于直接获取方式效率远远低于间接获取方式，单纯利用直接获取方式已经无法满足新网络环境下用户数据获取的要求。此外，研究表明，采用间接获取方式或混合获取方式生成的用户模型精度大于单独采用直接获取方式（Quiroga and Mostafa，1999；Teevan et al.，2005），因此，用户画像以间接获取方式为主进行用户数据采集。

2.1.2.2 用户属性划分

用户画像理念将用户看作具有不同维度属性的对象，通过解剖用户在不同属性上的特征，逐渐清晰和揭示用户在不同方面的表现与特点，进而有针对性地提供产品或服务。在进行用户特征揭示前，需要根据用户的特点进行用户属性划分。

在用户属性维度划分方面，由于不同应用场景的差异，用户属性维度划分不尽相同。例如，郭光明（2017）将用户画像的目标属性分为事实性属性和行为性属性，前者指不会动态变化的属性，后者指会动态变化需要更新的属性；魏明珠等（2019）从人格、内容、流量、信任机制四方面解析高影响力用户，并围绕用户基本属性、行为属性和价值属性构建人物画像概念模型；刘蓓琳和张琪（2017）通过总结具有代表性的用户画像研究，得到目前受到较多关注的六类用户属性维度，分别为基本属性、社交属性、行为特征、兴趣属性、能力属性和心理特征。本研究在此基础上对各维度的内容进行了概括和总结，如表2.2所示。

表2.2 用户属性维度划分总结

维度类型	维度内容
基本属性维度	基本属性、人口属性、自然属性、基本信息
社交属性维度	社交属性、社交网络、关系及亲密度
行为特征维度	行为特征、消费行为、通信行为、购买偏好、访问偏好
兴趣属性维度	兴趣属性、兴趣爱好、个人关注、兴趣偏好
能力属性维度	能力属性、购买能力、问答能力
心理特征维度	心理特征、心理信息

2.1.2.3 用户特征挖掘

由于数据来源和面向的维度类型各不相同，在进行用户属性特征挖掘时采用的方法也存在较大差异。目前用户画像研究中的用户属性特征挖掘方法主要包括基于统计的方法、基于数据挖掘的方法、基于机器学习的方法和其他方法。

王凌霄等（2018）基于社会化问答平台用户的行为数据构建用户资历、用户参与度、用户回答质量指标，根据指标的数值及分布特征提取用户特征；黄文彬等（2016）基于基站通信网络数据，利用统计分析的方法挖掘频繁模式、计算概率矩阵和熵，从而得到移动用户的频繁活动、规律行为及移动速度三个方面的特征，基于此生成移动用户行为画像；马超（2017）提出一种基于用户社交信息和用户属性信息的用户画像分析方法，通过半监督学习算法UPTM（user profiling based topic model）将用户社交信息和部分用户信息整合到统一的主题模型中，并利用标签传播算法对 UPTM 结果进行精度调整；同样基于主题模型，王丹（2016）则通过结合主题模型和点互信息提取用户个性化主题词，得到用户的主题特征；有研究者提出 PSE 学习模型，并以智能手机用户数据为例，构建可描述用户偏好和兴趣演变的动态用户画像（Wang et al.，2021）；也有研究者基于移动数据，利用 FP-Growth 关联规则分析用户上网的业务类型记录，发现频繁模式和预测下一跳任务，通过 K-means 聚类算法发现用户上网地域偏好，并通过基站的位置对用户移动轨迹进行可视化，从中发现用户移动规律和特征（邱雪，2017）。也有研究者将本体的思想引入用户画像生成中，如单晓红等（2018）根据酒店在线评论数据的特点，将用户信息属性、酒店信息属性和用户评价信息属性表示成概念模型，通过定义类、对象属性、数据属性和设置约束条件构建酒店用户本体，实现用户画像多维可视化。

在实际研究开展过程中，往往综合运用上述各类方法。例如，张哲（2015）根据粉丝数、关注数、微博数、收藏数在总体中的分布，得到用户统计标签，包括用户类型标签、安全标签和统计标签等，其中的用户类型标签通过 K-means 聚类算法得到聚类中心后，根据到聚类中心的欧氏距离来判断数据点所属的用户类型；林燕霞和谢湘生（2018）运用 LDA 模型挖掘微博用户的主题偏好，通过多维标度法划分用户群体、发现群体间关系，并通过回归分析方法提取微博用户的群体特征，生成群体用户画像；安璐和周亦文（2020）使用基于相关性的 LDA 主题模型提取微博主题，并采用两步聚类刻画微博用户特征，生成微博用户画像；刘静和安璐（2020）综合使用均值分析和聚类分析等方法，构建了社交媒体用户应急信息搜寻行为画像；汪强兵和章志成（2017）基于移动 Web 阅读系统收集用户在移动设备上浏览文献时的内容和手势数据，运用文本挖掘方法提取用户阅读文章片段的兴趣词，通过统计分析方法获取用户浏览文章时的手势特点、停留时长，然后根据用户手势的特点和停留时间的长短赋予文章片段及其兴趣词不同的权重，最终得到用户兴趣画像。

2.1.2.4 用户画像表示

用户画像表示指的是用户特征可视化。用户画像通常以标签的形式表示用户特征，但它有别于直接利用用户生成标签表示用户特征的方法（Carman et al.，2008；Wetzker et al.，2010），主要利用内容分析、数据挖掘、机器学习等方法从用户数据中挖掘用户不同侧面的特征，并抽象为用户易理解或计算机可读的标签（郭光明，2017）。标签的内容多样，可以是词汇、短语或概念等，标签的可视化方式可以是向量、描述图表和标签云等。按照用户属性、档案的表示策略，可以将用户画像表示方法分为以下四大类：①基于实体/概念的画像方法；②基于主题/话题的画像方法；③基于用户兴趣/偏好的画像方法；④基于用户行为习惯的画像方法。

2.1.2.5　用户画像更新

用户画像生成完成后，并不意味着可以一劳永逸地将其应用于不同的场景，因为用户基本信息、行为信息或用户生成内容每时每刻都可能发生变化。因此，用户画像维护需要将用户画像的动态性考虑在内。目前用户画像更新相关的研究比较有限，只有少数研究人员开展相关研究。例如，牛温佳等（2016）从获取实时用户信息、更新触发条件和更新机制三个方面对用户画像更新中的关键问题进行了描述。由于用户画像的实现在一定程度上继承和发展了用户模型构建的方法，因而，本研究梳理了用户模型的动态更新方法，尝试从中得到用户画像更新方法。

由于用户基本信息是相对稳定的，用户兴趣则具有较强的动态性。因此，用户模型的动态更新往往指的是对用户兴趣的动态更新情况进行建模。用户兴趣会随着时间发生动态变化，具有时效性；但用户兴趣也并非转瞬即逝，具有持续性，根据维持时间的长短可以分为长期兴趣和短期兴趣。基于此，在进行用户兴趣动态性研究时主要有两种思路：一是通过划分时间段，每个时间段为一个时间窗，以时间窗为单位分析用户兴趣的衰退、增长和持续规律；二是根据用户兴趣随时间变化的规律，以用户兴趣生命周期为依据分析用户兴趣的连续变化规律。前者称为基于时间窗的方法，后者称为基于兴趣遗忘的方法。

如何划分时间段是基于时间窗的用户兴趣动态研究中的首要问题。最简单的方式是设定固定的时间窗，计算每个时间窗内的用户兴趣，以此作为研究用户兴趣迁移规律的依据（Widmer and Kubat，1996；Maloof and Michalski，2000）。这种方法易于实现，但需要事先设定时间窗大小，时间窗过大无法捕捉兴趣迁移的细节，时间窗过小又将造成计算和分析成本的上升。此外，不同类型用户的兴趣迁移速度往往各不相同，固定时间窗大小可能导致遗漏或错误。因此，有研究者提出采用启发式方法动态调整时间窗大小的方法。例如，利用分类器对不同时间段的用户兴趣进行分类，比较不同时间段的分类结果判断用户兴趣是否发生迁移，以用户兴趣的迁移情况动态调整时间窗的大小，同时删除时间窗内消退的兴趣项，增加新兴的兴趣项，实现用户兴趣的动态更新（单晓红等，2018）。虽然通过调整时间窗的大小和权重能够有效捕捉用户兴趣的变化规律，但由于时间是线性变化的，因此探索用户兴趣随时间连续变化的规律并以此为动态用户建模的依据成为另一个重要的研究思路。

1885 年，德国心理学家 Hermann Ebbinghaus 通过科学实验开创性地发现人们对事物的遗忘过程呈指数规律，并将实验结果绘制成图，得到了著名的"艾宾浩斯遗忘曲线"，如图 2.3 所示。这条曲线说明记忆的淡化是一个先快后慢的过程，开始两天记忆量迅速下降至 30% 以下，随后记忆量的下降速度趋于平缓。这一发现激发了用户兴趣动态性研究者新的思考：用户对于信息资源的兴趣同样是一个逐渐衰退的过程，而艾宾浩斯遗忘曲线描绘的是人脑的自然遗忘过程，这一规律同样适用于用户对信息资源的遗忘过程。因此，研究者们以遗忘曲线理论为基础展开了用户兴趣更新研究。遗忘曲线理论假设人们对事物的记忆会随着时间淡化，而遗忘曲线指的是记忆量随着时间变化的曲线，艾宾浩斯遗忘曲线是学界公认的人脑自然遗忘曲线。基于遗忘曲线进行用户兴趣动态性研究时，主要为用户兴趣项赋予以遗忘曲线为系数的权值。但由于不同用户的遗忘速度存在差异，需要根据用户的特点选择合理的遗忘曲线。例如，Koychev 和 Schwab（2000）发现用户兴趣并不是恒定不变的，会随着时间不断减弱，因此基于遗忘函数研究用户兴趣迁移的规律；Wu 等（2008）在计算用户兴趣在不同时刻的权重时，以遗忘曲线为系数，得到用户兴趣随时间变化的特征，并以此为依据区分用户的短期兴趣和长期兴趣，实验结果证明融合遗忘函数的兴趣建模方法得到的兴趣推荐效果最佳；类似的，唐晓波和谢力（2016）基于主题构建用户模型时，为重复出现的主题词赋予遗忘因子实现用户兴趣的动态更新，其中的遗忘因子即为基于遗忘函数的主题生命周期的度量。

由于基于遗忘曲线的方法需要获取实时的用户数据，消耗大量的计算资源，因此，在进行时间跨度较大、用户数据较为庞大的动态用户模型研究时，研究者们提出综合时间窗和遗忘曲线的方法，既能在一定程度上符合用户兴趣自然遗忘规律，又能保证资源的有效利用。例如，将时间纳入用户模型中形成用户—项目—时间三位动态模型，并将时间维度划分为固定大小的时间窗，以艾宾浩斯遗忘曲线函数为时间窗权值，跟踪用户兴趣随时间变化的情况（沈键和杨煜普，2013）；或是将用户第一次访问到最近一次访问之间的时间段划分为若干个不相等的时间窗，然后根据遗忘曲线设定每个时间窗的权重，时间窗的权重按时间由远及近逐渐增大，这种方法既符合人脑的遗忘规律，也更符合统计规律，能够有效捕捉用户兴趣的动态特征（于洪和李转运，2010）。

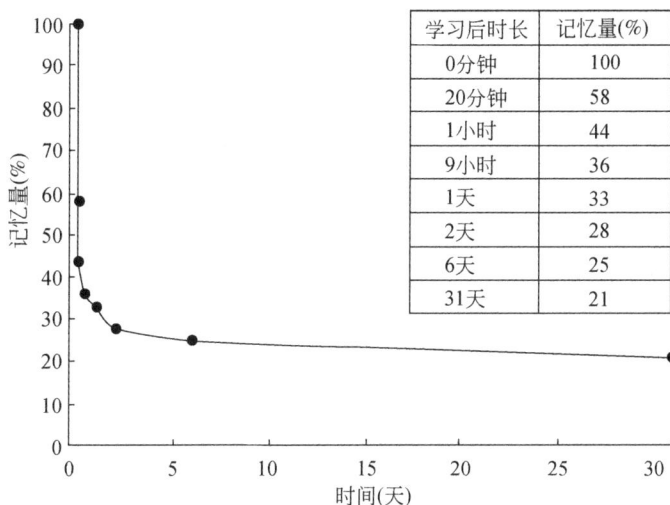

学习后时长	记忆量(%)
0分钟	100
20分钟	58
1小时	44
9小时	36
1天	33
2天	28
6天	25
31天	21

图 2.3　艾宾浩斯遗忘曲线示例

用户画像根据用户特点划分用户属性维度,由反映用户属性特征的标签汇集而成,简单地将用户模型的更新方法应用于用户画像更新还远远不够。用户画像更新的方法可以借鉴基于时间窗或基于遗忘曲线的用户模型更新方法,但在实际研究过程中仍需对这一问题进行更深入的探讨。

2.1.3　用户画像的应用场景

用户画像在不同的应用场景均有所应用。例如,黄文彬等(2016)基于基站通信网络数据,从移动用户频繁活动、规律行为及移动速度三个方面生成的移动用户画像;孟巍等(2017)提出了涵盖基本信息、用电行为、缴费行为、诉求行为及社交行为的电力用户画像;王智囊(2016)则通过构建了包含人口统计学属性、医疗领域标签和用户社交关系三个维度的多层次医学用户画像进行医疗信息的精准推荐。

此外,用户画像也被应用于多种信息服务平台,包括社交媒体、电子商务网站、数字图书馆和社会化问答平台等。

针对社交媒体平台,有研究者采用自组织映射神经网络 SOM 聚类算法对社交媒体用户建立细分模型,构建用户群体价值画像(冯秋燕和朱学芳,2019);安璐等(2020)将社交媒体高影响力用户划分为"话题发起者""意见领袖"

"意见扭转者"三种角色,构建"意见领袖"与"意见扭转者"的识别与画像方法,并以"贺建奎基因编辑婴儿事件"为例,构建高影响力用户的完整画像;有研究者以 COVID-19 为案例,开展了基于应急信息搜寻行为全过程的调查,并构建了社交媒体用户应急信息搜寻行为画像(刘静和安璐,2020)。也有研究者针对微博平台开展用户画像研究,如安璐和周亦文(2020)通过分别对恐怖事件情境下原始微博用户与评论用户进行用户画像,分析发布微博用户和评论用户的异同;魏明珠等(2019)以微博高影响力用户数据为例,基于超级 IP 理论构建高影响力人物画像;也有研究者从社会认同理论出发,通过主题模型挖掘用户感兴趣的微博主题,基于用户的主题偏好计算用户相似度实现用户群体划分,从而提取用户群体特征,得到微博群体用户画像(林燕霞和谢湘生,2018)。

针对电子商务网站,有研究者通过生成电子商务用户画像来描绘电子商务用户的购买决策过程,帮助发现用户在不同购买决策阶段的需求(刘蓓琳和张琪,2017);洪亮等(2016)以淘宝等电子商务平台为例,对国内主要电子商务平台推荐系统的功能模块进行用户体验的评测,并提供相应的信息服务质量的提升策略;单晓红等(2018)以携程酒店在线评论数据为例,从用户、酒店、用户评价三个信息维度构建用户画像,为商家提供全方位的用户信息,帮助酒店开展精准营销。

针对数字图书馆,有研究者从构建智慧图书馆用户画像的自然属性、兴趣属性、社交属性三个数据维度出发,并利用个性化推荐算法,构建用户画像并用于智慧图书馆个性化推荐可实现精准推荐(李晓敏等,2021);过仕明(2019)基于用户画像和场景五力的理论,通过对不同群体用户的行为进行分析,构建了数字图书馆用户画像;刘速(2017)提出了数字图书馆知识发现系统中的用户画像生成流程,将数字图书馆用户画像的生成流程划分为资源层、数据采集层、数据挖掘层三个层次,并以天津图书馆为例,生成了图书馆用户个体画像示例以及基于图书馆用户画像的用户关系图谱;有研究者基于 S-O-R 理论,运用扎根理论,构建了高校移动图书馆流失用户画像模型(冯龄萱和魏群义,2021);也有研究者将用户画像嵌入智慧图书馆的移动视觉搜索及推荐服务中,并构建了智慧图书馆个性化移动视觉搜索及推荐服务模型(曾子明和孙守强,2020)。

针对社会化问答平台,陈志明和胡震云(2017)的研究为社会化问答平台用户属性划分以及用户画像生成提供了思路和借鉴。王凌霄等(2018)的研究提供了从用户资历、用户参与度、用户回答质量以及用户发展趋势等 4 个方面抽取用户特征的方法,讨论了用户特征抽取时可能遇到的问题及其应对措施。陈烨等

（2021）以 Quora 中高血压主题下的用户社交行为数据为例，运用社会网络分析的方法，构建面向高血压主题的用户画像。

2.2 信息需求理论

2.2.1 用户信息需求

人类的生存和发展活动中伴随着各种各样的需求，对这些需求的追求是推进社会进步和发展的源泉和动力，充分地发掘和认识人类的需求是人文社会科学研究的一个重要方面。人文社会科学领域的学者从人们的实际生活出发，从不同角度总结、提炼、概括出反映人类需求构成、层次和关系的理论，为人类生产生活活动的开展提供了强有力的理论支撑和实践指南。其中，最被广泛接受和应用的需求理论当属美国心理学家 Maslow（1943）提出的需求理论——马斯洛需求层次理论（Maslow's hierarchy of needs），Maslow 在其著作《动机与人格》（*Motivation and Personality*）中对该理论作了全面的阐述。

马斯洛需求层次理论将人类的需求归纳为包含五个层次的金字塔结构，从低级到高级依次为：生理需求、安全需求、社交需求、尊重需求和自我实现需求。各层次需求的具体内容和关系如图 2.4 所示。

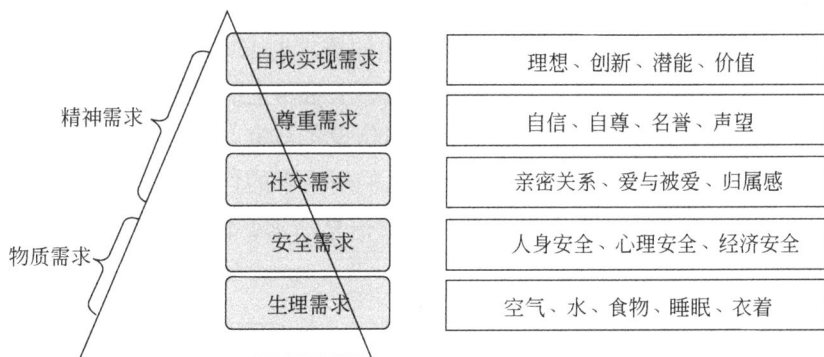

图 2.4 马斯洛需求层次理论

其中，生理需求、安全需求属于物质层面的需求，社交需求、尊重需求和自我实现需求属于精神层面的需求。马斯洛需求层次理论认为，位于金字塔结构基座的四类需求（生理需求、安全需求、社交需求和尊重需求）也称为"缺乏需求"，如果这些基本需求没有得到满足，人们会感到焦虑和紧张；并且，只有当低层次需求得到满足后，才能激发起对较高层次需求的追求和渴望。此外，人类的需求处于动态变化中，不同环境和发展时期的核心需求会发生变化。例如，一个人得到充足的食物并不为温饱担忧时，更高层次的需求会占据主导地位并掌控其主要行为，这个占据主导地位的需求即为此时的核心需求（Maslow，1987）。

有学者进一步总结出马斯洛需求层理理论的六大特性（特里，2011）：①相对稳定性，大多数人的需求按照金字塔结构由低到高出现，但也存在为数不少的例外；②相对满足程度，较高层次的需求并不一定在较低层次的需求得到100%满足后才出现，并且几乎所有人对各层次的需求总是部分满足，随着需求层次的上升，需求得到（部分）满足的人数比例逐渐降低；③无意识性，对于大多数普通人而言，他们的需求大多处于未被意识的状态；④文化普遍性和特殊性，相同文化背景下那些被意识到的需求具有一定的普遍性，如相同文明的人们在衣食住行方面具有一致性，而不同文明之间又具有差异性；⑤行为多重动机，行为的动机并不完全是特定的或单一的，行为往往是多重动机共同作用下产生的，如在高档舒适的西餐厅与家人共进晚餐，不仅是为了满足生理需求（填饱肚子），也是为了满足安全需求（不被打扰）、社交需求（促进感情）和尊重需求（生活水平的象征）；⑥动机理论以目标为核心，需求的分类依据是以目标（行为的功能、效果、目的）为向导的。

人们通过从事各项活动来满足不同层次的需求时必须获取各种信息。例如，出门前根据天气情况和空气质量来调整穿戴，上班路上通过查看社会新闻、财经新闻了解社会治安和经济发展情况，利用通信设备与家人、朋友及工作伙伴保持联系、联络感情，等等。由此可以看出，人们所从事的各项活动在总体需求和信息需求之间扮演中介的角色，总体需求引发信息需求，信息需求支持总体需求，如图 2.5 所示。

图 2.5　总体需求与信息需求的关系

健康需求是生理需求的重要组成部分，只有健康需求得到较大程度的满足，才会产生更高层次的需求。尽管有为数不少身残志坚的人无法拥有与常人一样健康的身躯却仍然实现了自我价值的极大满足；但是，根据需求的相对稳定性和相对满足程度特征，对于大多数普通人而言，"身体是革命的本钱"，满足健康需求是人们的首要需求之一，且在需求结构中占据很大的比例。因此，在满足健康需求的活动中扮演着重要角色的健康信息需求也是人们的首要信息需求之一。

2.2.2　信息需求状态说

信息需求在客观环境和主观意识的共同作用下总是处于不断变化的运动状态。学者们对信息需求的状态做出了不同的分析和解释。

（1）Taylor 的"四状态"说

Taylor（1962）对用户利用信息系统获取信息过程中的信息需求状态进行了剖析和归纳，将信息需求的状态分为四个阶段：①内在需求（visceral need），即实际存在的信息需求。当用户受到外界环境刺激时，会产生有意识或无意识的信息需求，这时的信息需求处于内在需求阶段；②意识需求（conscious need），即用户意识到的信息需求，它是用户内在信息需求的一部分，可以用比较粗糙、模糊的语言或词语来概括；③形式化需求（formalized need），即用户以形式化的方式表达出来的信息需求，它是意识需求的一部分，以各种清晰的形式（如文字、检索式、音频等）存在；④折中需求（compromised need），由于某些原因，用户的需求不能被接受者（包括人和机器）完全理解，由此产生了折中的信息需求。内在需求和意识需求是用户的隐性需求，形式化需求和折中需求是用户的显性需求。

（2）Kochen 的"三状态"说

Kochen 和 Specker（1990）认为信息需求的状态可以划分为三类：① 信息需求的客观状态。由用户所处的环境、具备的知识结构，以及进行的活动等主客观因素共同决定，是一种不以用户的主观意志为转移的潜在的信息需求。② 信息需求的认识状态。在某些特定环境或刺激的作用下用户认识到的信息需求，包括被唤起的信息需求和被认识到的信息需求。③ 信息需求的表达状态。用户将认识到的信息需求通过一定的方式（如语言、文字、图片、表达式等）表达出来，而表达的准确性和完整性由用户的知识结构、业务素质和表达能力等因素决定。信息需求三个状态之间的转换关系如图 2.6 所示。

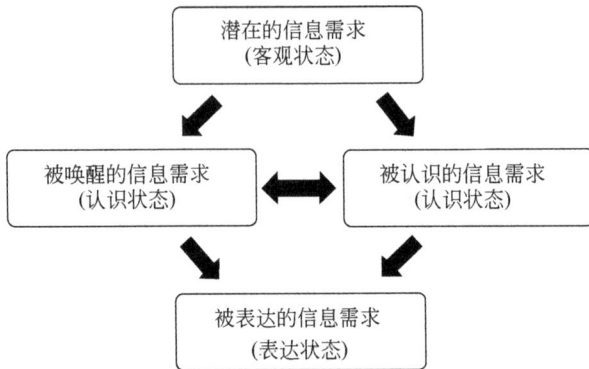

图 2.6 信息需求的"三状态"

2.3 主题模型理论

主题模型（topic modeling）是自然语言处理中一种发现文档集合中抽象主题的统计模型。它区别于词袋模型（bag of words）将文档看成按一定概率分布的主题集合，将主题看作按一定概率分布的词汇集合。相比于词袋模型，主题模型的优越性表现在两个方面：一是，主题模型将文档看作主题的集合，而不是词汇的集合，降低了处理维度；二是，主题模型中的主题由一系列存在一定语义关系（共现关系）的词汇构成，有别于词袋模型中的词汇相对独立的状态，反映了词汇之间的关联。主题模型认为文档生成的过程是：在写一篇文章时，首先会确定文章的"中心思想"（即主题），然后围绕这一主题调用相关词汇形成文章。通过建模的方式模拟文档生成的过程：先根据"文档—主题"分布来选择一个或多个主题，然后根据"主题—词汇"分布来选择一个或多个词汇表达主题，最终所有词汇聚集在一起成了一篇文章。基于以上假设，主题模型通过参数估计得到各个主题在文档中的分布，进而确定各个词汇在主题中的分布，实现文本主题挖掘。

Hofmann（1999）在隐性语义索引（latent semantic indexing，LSI）的基础上提出了第一个真正意义上的主题模型，概率隐性语义索引（probability latent semantic indexing，PLSI），而 Blei 等（2003）在 PLSI 的基础上提出了潜在狄利克雷分布模型（latent dirichlet allocation，LDA）。近年来，LDA 在不同的应用场景得到了丰富的改进和变形，成为目前应用最为广泛的主题模型。主题模型通常包括 5 项内容：①主题模型的输入；②基本假设；③主题模型表示；④参数估计；⑤新样本推断（徐戈和王厚峰，2011）。主题模型的输入均为词汇—文档矩阵；基本假设均为词序无关，即词汇在文档中出现的顺序不会影响模型的训练结果；常用的主题模型表示方法包括生成模型、图模型和概率公式；而不同模型的参数估计方法存在较大差异。

2.3.1 PLSI 模型

Hofmann（1999）提出的概率隐性语义索引（probability latent semantic indexing，PLSI）通过概率生成的方式得到词汇空间到隐性语义（主题）空间的变换关系。PLSI 假设文档中一共有 K 个主题，文档 d 由 K 个主题混合而成，文档中的主题和主题中的词汇同时满足多项式分布。

PLSI 的文档生成过程模型为：选择一篇文档 d，$d \sim P(d)$。生成文档 d 中的词汇 w 的过程如下：①选择一个主题 z，$d \sim p(z \mid d) \sim \text{multinominal}(d)$；②选择一个词汇 w，$w \sim p(w \mid z) \sim \text{multinominal}(w)$。

相应的图模型如图 2.7 所示。

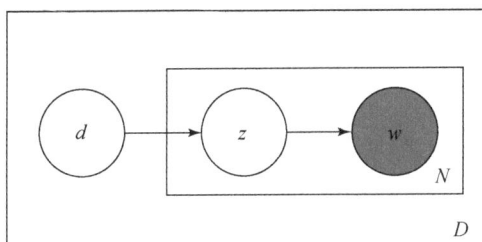

图 2.7　PLSI 的图模型

图模型中的节点表示变量，灰色节点表示可观察变量，矩形内部的非灰色节点表示不可观察的潜在变量，矩形外部的节点为超变量；矩形表示其中的内容可重复，矩形内的数字表示可重复的次数；箭头表示变量之间的依赖关系。在该模型中，z 表示主题变量，w 表示词变量，d 表示文档变量，N 表示文档中词汇数量，D 表示文档集中的文档数量。在 PLSI 中，文档—主题分布和主题—词汇分布为待估计的参数，运用期望最大化算法求解目标函数的最大似然值，得到它们的参数。

2.3.2 LDA 模型

2003 年，Blei 等（2003）在 PLSI 的基础上提出了潜在狄利克雷分布模型（Latent Dirichlet Allocation，LDA）。他们用一个服从 Dirichlet 分布的 K 维随机变量表示文档的主题分布，模拟文档生成过程。Griffiths 和 Steyvers（2004）又给文档—主题分布和主题—词汇分布施加 Dirichlet 先验分布，得到一个完整的文档生成模型，如图 2.8 所示。图模型中的 z 表示主题变量，w 表示词变量，d 表示文档变量；N 表示文档中词汇数量，D 表示文档集中的文档数量，K 表示主题数量；θ 表示文档—主题分布，α 是 θ 的超参数，φ 表示主题—词汇分布，β 是 φ 的超参数。

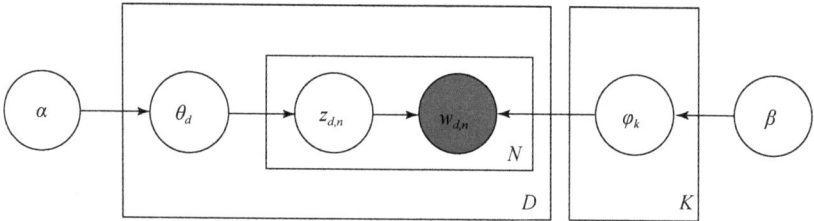

图 2.8　LDA 的图模型

LDA 模型的文档生过程为：

1）根据 φ_k 对主题进行抽样，$\varphi_k \sim \mathrm{Dir}(\beta)$。

2）选择一篇文档 d，$d \sim P(d)$。

3）根据 θ_d 对主题分布进行抽样，$\theta_d \sim \mathrm{Dir}(\alpha)$。

4）生成文档 d 中的词汇 $w_{d,n}$，其过程如下：①选择一个主题 $z_{d,n}$，$z_{d,n} \sim$ multinominal (θ_d)；②从主题 $z_{d,n}$ 中选择一个词汇 $w_{d,n}$，$w_{d,n} \sim$ multinominal (φ_k)。

LDA 模型参数估计的方法包括变分贝叶斯推断（Blei et al.，2003）、期望传播（Takita et al.，2012）和吉布斯抽样（Griffiths and Steyvers，2004）等。

2.3.3 BTM 模型

LDA 模型在长文本的主题挖掘中取得了良好的成绩，但在短文本主题挖掘应用中由于每篇文档的信息量有限，导致数据稀疏，无法有效识别文本中的主题。

针对这一个问题，Yan 等（2013）提出了词对主题模型（biterm topic model，BTM），该模型以词对（biterm）为单元表征主题内容，通过词对共现加强词汇之间的关联，在短文本主题挖掘中具有更好的表现。

BTM 模型的图模型如图 2.9 所示，其中的 z 表示主题变量，w 表示词变量，d 表示文档变量；n 表示文档中词汇数量，B 表示文档集中的词对数量，K 表示主题数量；θ 表示文档—主题分布，α 是 θ 的超参数，φ 表示主题—词对分布，β 是 φ 的超参数。

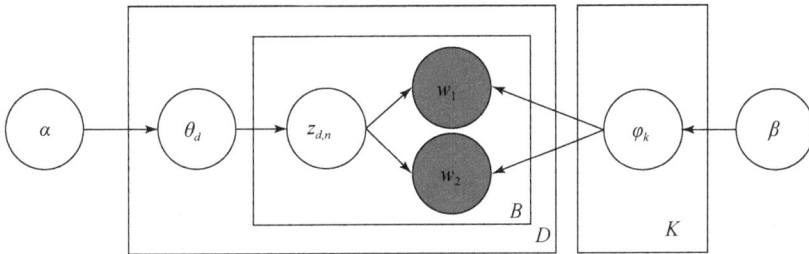

图 2.9　BTM 的图模型

BTM 模型的文档生成过程为：

1）根据 φ_k 对主题进行抽样，$\varphi_k \sim \mathrm{Dir}(\beta)$。

2）选择一篇文档 d，$d \sim P(d)$。

3）根据 θ_d 对主题分布进行抽样，$\theta_d \sim \mathrm{Dir}(\alpha)$。

4）生成文档 d 中的词对（w_1，w_2），其过程如下：①选择一个主题 $z_{d,n}$，$z_{d,n} \sim \mathrm{multinominal}(\theta_d)$；②从主题 $z_{d,n}$ 中选择一个词 w_1，$w_1 \sim \mathrm{multinominal}(\varphi_k)$，从同一主题 $z_{d,n}$ 中选择一个词汇 w_2，$w_2 \sim \mathrm{multinominal}(\varphi_k)$，$w_1$ 和 w_2 组成词对（w_1，w_2）。

BTM 模型的参数估计借鉴了 LDA 模型的参数估计方法，吉布斯抽样通过积分避开直接计算 θ_d 和 φ_k 的值，根据抽样结果和统计频次计算来确定 θ_d 和 φ_k 的值。

2.4　社会网络分析理论

2.4.1　社会网络溯源

社会网络是由社会行动者及他们之间关系构成的网络（刘军，2014）。其中的行动者可以是个人、群体、组织乃至国家，而他们之间的关系因行动者所处的环境、正在进行的活动而异,包括存在于现实世界的亲友关系、合作/竞争关系、上下级关系等,以及发生在网络世界的互动关系、关注关系、共建关系等。可以将社会网络理解为节点表示人、连边表示人与人之间关系的网络结构。社会化问答平台中的用户通过不同形式的互动产生联结,形成了社会网络的两个基本要素:人和人与人之间的关系。因此,社会化问答平台用户形成的关系网络是一种典型的社会网络,与此同时,社会网络分析成为社会化问答平台用户研究的一种重要思路。

在运用社会网络分析方法进行用户研究时,需要追溯到网络模型研究。原因在于,社会网络属于复杂网络的一种,尽管不同类型复杂网络具有不同的特质,但回归到网络模型本身,又具有普遍性的规律。

网络模型的基本构成为节点和连边。根据连边是否具有方向可以分为有向网络和无向网络;也可以根据节点或连边的类型具有一种或多种类型,分为同质网络和异质网络。

网络模型特征可以从两个方面进行刻画:拓扑结构和节点权力。对于网络拓扑结构特征的衡量主要包括连通性、稀疏性、凝聚性、均匀性、同配性等方面,用于揭示网络的整体结构特征(汪小帆等,2012)。而节点权力通过"中心性"来衡量,不同中心性指标描绘了节点在网络中的不同作用。

2.4.1.1 拓扑结构

网络的连通性衡量的是网络中的节点能够通过路径相连的程度。将能够通过路径相连的节点构成的网络称为连通片,或组件(component)。真实网络往往由大量孤立点和若干连通片组成,如果一个连通片包含了网络中大量的节点,则将其称为连通巨片(giant component)。在社会网络分析中,网络的连通性往往通过网络中包含的连通片数量和孤立点数量来衡量。但在有向网络和无向网络中界定连通片的方法存在差别。在有向网络中,有强连通片和弱连通片之分,前者在判断节点间是否具有路径时将连边的方向考虑在内,而后者不考虑连边的方向。事实上,弱连通片的判断标准与无向网络相同。

网络的稀疏性则可以通过网络密度和平均度来衡量。网络密度(density)是网络中节点之间实际存在的边的数目与它们之间可能存在的边的数目的比值,无向网络的网络密度的计算公式如式2.1所示。

$$D = \frac{2M}{N(N-1)} \tag{2.1}$$

式中,M 表示网络中实际存在的边数,N 表示网络中的节点数。

如果为有向网络，只需将式（2.1）中分子的 $2M$ 改为 M。如果网络的网络密度为 0，那么节点之间相互孤立，不存在任何联系；如果网络的网络密度为 1，那么网络中的每个节点都与其余所有节点相连。所以，网络密度值越高，节点之间联系越紧密，在一定程度上也说明网络越复杂。

度（degree）表示网络中一个节点所连接的边数，计算公式如式（2.2）所示。

$$k_i = \sum_{i \in N} a_{ij} \qquad (2.2)$$

式中，a_{ij} 表示节点 i 和节点 j 之间的最短路径长度。

在有向网络中，有入度、出度之分，入度表示指向该节点的边的数量，出度表示从该节点指向其他节点的边的数量。网络中所有节点的度的平均值为网络的平均度。

网络的聚集性通常用平均距离和聚集系数来衡量。平均路径长度（average path length）也称网络的特征路径长度，是网络中任意两点之间最短路径的平均值，计算公式如式（2.3）所示。网络中任意两点之间最短路径的最大值是网络的直径。

$$L = \frac{1}{\frac{1}{2}N(N+1)} \sum_{i \geqslant j} d_{ij} \qquad (2.3)$$

式中，N 表示网络中的节点总数，d_{ij} 表示节点 i 到节点 j 的最短路径上的边数。

在社会网络中，如果 A 是 B 的朋友，B 是 C 的朋友，那么 A 有可能也是 C 的朋友，这种属性称为社会网络的聚类特性。聚类系数（clustering coefficient）反映的就是网络的聚类特征。假设网络中的节点 i 和其他 k_i 个节点之间最多可能有 k_i（k_i-1）/2 条边，将 k_i 个节点之间实际存在的边数 E_i 和可能的边数的比值定义为节点的聚类系数，计算公式如式（2.4）所示。整个网络的聚类系数为各节点聚类系数的平均值。

$$C_i = \frac{E_i}{k_i(k_i-1)/2} \qquad (2.4)$$

网络的均匀性则体现在节点的度分布上。度分布表示网络中节点度的概率分布，在有向网络中，又区分出度分布和入度分布。用 p（k）表示网络中任意一个节点的度刚好为 k 的概率，p（k）等于网络中度数为 k 的节点个数和网络中的节点总数的比值。当 $k \geqslant K$ 时，一个随机选取的节点的度为 k 的概率计算方法如式（2.5）所示。

$$p(k) = C_N^{k-K} \left(\frac{K_p}{N}\right)^k \left(1-\frac{K_p}{N}\right)^{N-k+K} \tag{2.5}$$

2.4.1.2 节点权力

常用的中心性指标包括度中心性（degree centrality）、中介中心性（betweenness centrality）和接近中心性（closeness centrality）等。度中心性表示与节点直接相连的节点数量，即节点度值；中介中心性表示节点处于其他节点对的最短路径的程度，用来衡量节点在连接其他节点对中所起的作用大小；而接近中心性表示节点到其他节点的最短路径的平均长度，用来衡量节点到达其他节点的容易程度。为了与不同规模网络中的中心性进行比较，计算中心性时分为绝对中心性和相对中心性（标准化），前者用于比较同一个网络或同等规模网络中不同节点的中心性，后者用于比较同类型但规模差别较大的网络的节点中心性。

2.4.2 网络基本类型

网络模型可以分为规则网络、随机网络、小世界网络及无标度网络。规则网络是最简单的一类网络，它指的是每个节点的度都相同的网络。随机网络中节点的度是一个随机事件，由概率决定。Erdös 和 Rényi（1959，1964，1984）对随机网络进行了系统研究，将他们生成的随机网络称为 ER 网络。然而，大部分真实网络既不是完全规则，也不是完全随机，规则网络和随机网络无法很好地描述真实世界存在的网络。1998 年，Watts 和 Strogatz（1998）构造出了一种介于规则网络和随机网络之间的单参数模型网络，称为 WS 网络。但由于 WS 模型构造算法中的随机重连过程存在可能破坏连通性的问题，Newman 和 Wattz（1999a，1999b）又提出了一种新的网络构造方法，称为 NW 网络。NW 网络以随机加边过程取代随机重连过程，以确保网络的连通性。可以证明，当网络节点足够大和调节参数足够小时，WS 网络和 NW 网络具有相同的网络性质，即具有"小世界"效应。小世界效应也称六度分离理论，其数学定义为：网络中任意两个节点的平均距离 L 与网络的节点数 N 呈对数关系，即 $L \sim \ln N$。小世界网络具有短平均距离和高聚集系数的特点。

而无标度网络指的是网络节点的度分布具有符合幂律分布特征的网络。Price（1965，1976）在研究科学文献之间的引证关系网络时，发现网络节点的出度和入度均符合幂律分布，并提出了增长模型。而通过研究电影演员合作网络、万维网、电力网和科学引文网等大型网络过程中，发现这些真实网络都具有幂律形式的度分布，而不是随机网络所具有的泊松分布（Albert et al.，1999；Barabási and Albert，1999）。他们基于真实网络中度分布符合幂律分布的特征，提出了无标度演化模型，即 BA 模型。BA 模型与 Price 的模型十分相似，不同的是，Price 模型中加入网络的节点度数平均值为 m，而 BA 模型中每一个节点加入网络时的节点度数均为 m。因此，网络节点度符合幂律分布的网络成为无标度网络。研究表明，无标度网络也具有小世界效应，但其网络聚集系数很小（Bollobás and Riordan，2004）。由此可以看出，BA 模型尽管可以体现部分真实网络度分布的特征，但无法很好地模拟具有高聚集性的真实网络。

3 社会化问答平台用户画像模型

社会化问答平台（Social Q&A）为用户提供了一种使用自然语言表达信息需求的方式，一个参与者之间互相满足需求的平台，一个鼓励参与和互动的社区（Shah et al., 2009）。社会化问答平台具有用户参与度高、内容丰富、交互性强等特点，已经成为网民获取信息和知识的重要方式之一。国内外知名的社会化问答平台包括知乎、百度知道、新浪爱问、Quora、Ask. com、Yahoo! Answers 等。用户在使用社会化问答平台的过程中产生了大量内容多样、形态各异的用户数据，包括反映用户基本情况的用户注册信息，揭示用户兴趣爱好的用户提问、回答和浏览记录，体现用户社交情况的用户互动数据等。社会化问答平台中的用户数据呈现出来源多样、内容丰富、类型各异等特点。而这些用户数据成为揭示用户兴趣与偏好的重要数据来源，也成为产品设计开发者、信息服务提供者甚至是社会问题关注者开展用户研究的重要依据。用户画像体现了"数据整合"的数据管理要求和"数据驱动"的数据利用理念，为社会化问答平台的用户数据组织、管理和利用提供了新思路。基于此，本章在探索用户画像概念和特征的基础上，根据社会化问答平台用户、用户数据和平台功能的特点，提出社会化问答平台用户画像模型，并探讨了社会化问答平台用户画像实现与应用过程中面临的问题，提出了相应的解决方案。

3.1 社会化问答平台用户

社会化问答平台开发的初衷是帮助人们更好地分享彼此的知识、经验和见解，为用户提供一个知识共享的平台。它有别于传统依赖专业知识的参考咨询服务，主要利用大众知识实现点对点的交互服务（Kim et al., 2007）。在社会化问答平台中，平台开发者为用户提供了一个高效、有序的环境进行知识交流，用户在使用社会化问答平台的过程中产生了形式各异、内容多样的用户数据，这些信息成为用户研究中洞察用户属性及其特征的重要资料和入口。

3.1.1　用户数据类别

"用户参与"是社会化问答平台运行的基础。用户参与并没有导致平台内容的混乱无序，相反，由于人与人、人与平台其他要素之间的交互性、相关性、协同性（默契性），平台中的内容会自发地形成特定的结构和功能，这一现象被称为"信息自组织"。这一现象背后的作用机理是，一个系统从无序到有序的关键，不在于热力学是否平衡，也不在于偏离平衡状态的远近，而在于由一个大量子系统构成的开放系统内部发生了"协同作用"（Haken, 1983）。社会化问答平台通过赋予用户充分的权限来营造一个开放的系统，实现平台内容自组织。用户可以对其他用户的提问和回答进行一系列的操作。针对提问的操作包括关注、评论、差评、编辑来源或主题等；针对回答的操作包括点赞、差评、评论、感谢等。基于这些设计，用户既能实现信息交互，也能达到相互监督、相互制约的效果，使得平台中的内容自发地往健康有序的方向发展。

除了利用信息自组织机制，社会化问答平台还通过人工/技术监管机制、用户权限管理和用户激励机制等维护平台内容质量和生态环境。例如，为了避免重复提问，根据用户输入查询词实时联想相关提问；通过内容分析（如相似度计算、关键词识别与匹配）筛选出内容重复、长度过短的回答，自动屏蔽或折叠贡献较低的回答；此外，也鼓励用户提供个人信息，包括个人描述、居住城市、学历背景、工作单位、熟悉语言等，以此为依据向用户推送问题。

社会化问答平台用户数据指的是用户在使用社会化问答平台过程中产生的所有数据。尽管不同类型的社会化问答平台由于功能、定位的差异，用户数据的具体内容存在差别，但它们的核心功能是"问答"和"社交"。因而，围绕社会化问答平台的核心功能，可以将社会化问答平台用户数据归纳为三个类别：①用户基本信息；②用户行为数据；③用户贡献内容（表3.1）。

表 3.1　社会化问答平台用户数据类别

类别	内容	来源	类型
用户基本信息	用户主动提供的自我描述信息	客户端主页（为主）	文本、图像、超链接等
用户行为数据	可公开获取和仅后台存储的用户行为数据	客户端主页、后台服务器	日志文件等

类别	内容	来源	类型
用户贡献内容	用户生成的对平台内容有贡献的数据	客户端主页（为主）	文本、图片、视频、音频、超链接等

用户基本信息指由用户主动提供的关于用户自身情况的描述信息，包括用户昵称、自我描述（如知乎中的"一句话介绍"）、居住信息、教育信息、工作信息等。用户基本信息主要来自客户端的用户主页，内容的呈现形态可能是文字、图片、超链接等。

用户行为数据则包括两类，一是可公开获取的用户行为数据，如用户提出问题、回答问题、关注主题、关注用户及发布文章等行为数据；二是仅后台存储的用户行为数据，如用户日志、操作记录等。可公开获取的用户行为数据来源主要是客户端主页，如特定主题下的问题页面、关注者页面以及用户主页等，内容的呈现形式包括日志、表格等。

用户贡献内容指的是用户生成的对平台内容有贡献的数据。例如，用户提出的问题、回答的内容、撰写的文章等，也主要来自于客户端主页。用户贡献内容在用户数据中所占比重最大，且社会化问答平台通常以主题页面的形式组织用户贡献内容。每个主题中主要包括三部分内容：①主题基本信息；②主题问答列表；③主题关注者列表。主题基本信息包括主题名称、主题描述、主题下提问数量、主题关注者数量、相关主题等；主题问答列表则包括所有与主题相关的提问及其回答；主题关注者列表则包括所有关注该主题的用户信息。

3.1.2 用户属性维度

社会化问答平台中主要包含用户基本信息、用户行为数据和用户贡献内容等三类用户数据。它们以结构化、半结构化或非结构化的形式散布在平台的不同位置。然而，这些用户数据只是用户的外在表现，无法通过他们直接了解用户的需求，并为用户提供决策支持。

属性是一个本体论概念，指多个事物共同具有的性质，而每个事物在相同属性上的表现可能存在差异，事物在属性上的表现称为属性特征。例如，水果具有颜色、气味等属性，苹果通常为红色或青色、气味清香，其中红色或青色是苹果在颜色属性上的属性特征，清香是苹果在气味属性上的属性特征。类似地，社会化问答平台用户具有某些共同的性质，且每类或每位用户在同一属性上的表现可能各不相同。用户属性特征是用户属性的具象化表达，用户属性是用户属性特征的抽象和概括。从用户属性的角度观察用户，能够抓住用户的基本性质和共同性质，为深入理解用户提供一个统一的、全局的视角。

信息空间是人类社会和物理世界中的人的活动空间的扩展和延伸，因此，信息空间中的用户同样具备人的属性。马克思主义人性观认为人有两种属性：一是人的自然属性，二是人的社会属性。人的自然属性是指人的肉体存在及其特征；而人的社会属性是指在实践活动基础上人与人之间发生的各种关系及其特征。社会化问答平台中的用户是物理世界中真实存在的个体的虚拟化身，同样拥有人的两种基本属性，即自然属性和社会属性。因此，本书将社会化问答平台用户的属性划分为两大类：用户自然属性和用户社会属性。但是，在信息空间中，用户的自然属性和社会属性并不与物理世界中的人的自然属性与社会属性——对应，也不是人的自然属性和社会属性的简单映射，社会化问答平台中用户的属性具有新的含义和表现形式，具体如图 3.1 所示。

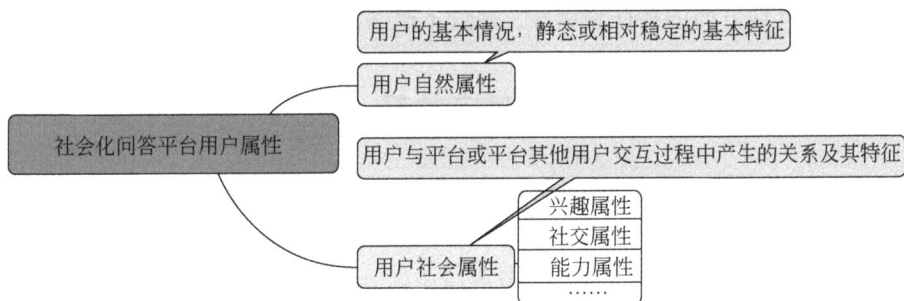

图 3.1　社会化问答平台用户属性

（1）用户自然属性

在社会化问答平台中，用户自然属性指的是用户的基本情况，主要指用户静态或相对稳定的基本特征。用户自然属性包含了用户的受教育程度、所在地域、职业经历等。

（2）用户社会属性

用户的社会属性指的是用户与平台或其他用户交互过程中产生的关系及其特征。用户的社会属性涉及的方面众多，本书根据社会化问答平台的用户、用户数据和功能特点，将用户的社会属性归纳为兴趣属性、社交属性和能力属性。

社会化问答平台的核心功能为知识共享，用户使用社会化问答平台交流、学习和共享知识，用户擅长或感兴趣的信息或知识是平台用户最重要的社会属性之一，本书将用户的这一属性命名为兴趣属性。

社会化问答平台最大特点是社会化，主要体现在三个方面：①用户使用平台；②用户参与平台管理；③用户生成平台内容。以大众参与为前提的信息自组织机制是平台管理的基础，用户参与情况将直接影响平台是否能够健康有序地运行，因而，用户参与平台活动的情况是一项重要的用户属性，本书将用户的这一属性命名为社交属性。

用户生成内容是社会化问答平台内容的主要组成部分，一方面用户输出内容的质量决定了平台内容的质量；另一方面，在以信息（知识）共享为核心功能的社会化问答平台中，用户输出内容的质量决定了用户的影响力。因而，能力属性是社会化问答平台用户的一个重要属性。

上述三个方面的社会属性是结合社会化问答平台的核心功能和用户参与的主要活动总结归纳而来，是最主要的用户社会属性。用户在使用社会化平台过程中可能还具备其他方面的特征和属性，在此不逐一进行分析。

3.1.3 用户数据与用户的对应关系

信息空间是人类社会和物理世界中人的活动空间的扩展和延伸，因此，信息空间中的用户与人类社会和物理世界中的人具有映射或对应关系。社会化问答平台提供了一个有边界的信息空间，用户使用社会化问答平台过程中的所有痕迹，即用户数据，是真实用户个性、特点的反映。通过用户数据，可以洞察真实用户的喜好、特征。

从数据挖掘角度观察用户数据，用户数据具有不同的特征（feature），如用户名、职业、提出的问题、回答的问题、评论数等。这些特征又可以归纳为不同的视角（view），一个视角可以包含单个或多个特征。例如，将用户名和职业特征归纳为用户基本信息视角，将提出的问题和回答的问题归纳为用户贡献内容视角。而每位用户是一个实例（instance），通常由特征向量（feature vector）表示，而特征向量由特征值（feature value）或特征集合（feature set）构成，例如，U = ｛'某a'，'学生'，Q，A，'30'｝，其中'某a'表示用户名，'学生'表示职业，Q表示用户提出的问题集合（由问题列表构成），A表示用户提供的答案集合（由答案列表构成），'30'表示评论数。

从本体论的角度观察用户，用户具有不同的属性（attribute），如自然属性、兴趣属性等。每个属性有不同的特征，称为属性特征（attribute feature）。例如，如果某用户对电影、综艺话题较感兴趣，那么该用户在兴趣属性上的属性特征为电影、综艺。

将数据挖掘视角下的用户数据与本体论视角下的用户的相关概念和对应关系进行总结，如图 3.2 所示。首先，用户数据具有多个特征，特征（集）构成不同的视角，每项特征对应相应的特征值；其次，用户具有多个属性，每个属性对应相应的属性特征。其中，用户数据与用户、特征（集）与属性、特征值与属性特征之间存在映射关系，但并不是简单的一一对应的关系。探究多视角用户数据与用户的对应关系，事实上是为了明确特征（集）与属性的对应关系，即不同视角数据与用户属性之间的对应关系。

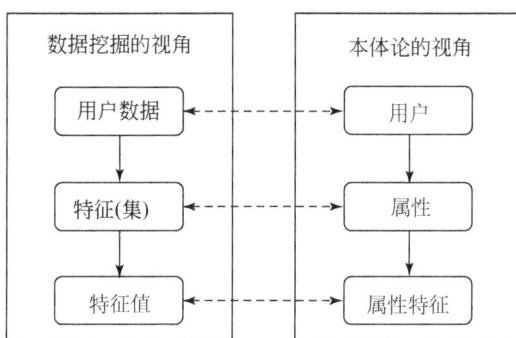

图 3.2　用户数据与用户的对应关系

具体地说，可以将不同视角数据与用户属性之间的对应关系归纳为一对一、一对多和多对多三种模式。一对一模式指的是一项数据特征对应一个用户属性。一对多模式指的是一项数据特征对应多个用户属性。多对多模式指的是多项数据特征对应多个用户属性。

3.2　社会化问答平台用户画像构建模型

在总结归纳用户数据类别、用户属性维度的基础上，建立多用户数据与用户的对应关系，明确了用户数据在揭示用户属性特征过程中的重要性。然而，要通过用户数据揭示社会化问答平台用户属性特征，需要进一步构建服务于应用开发与决策支持的用户数据利用框架，实现从用户数据到用户属性特征再到服务提供与决策支持的贯通。构建用户画像的过程是揭示和刻画用户属性特征的过程，已有的用户画像研究为用户属性特征揭示和刻画提供了一套行之有效的思路和方法，因此，本书尝试结合应用的需要，从社会化问答平台自身的用户数据特点出发，提出社会化问答平台用户画像构建模型（图3.3）。

该模型首先从不同层面、渠道获取多视角用户数据；其次，通过搭建属性沙盒建立用户数据与用户的对应关系，实现多视角用户数据的分流与管理；最后，根据用户画像的应用需要生成并更新用户画像，其中用户画像生成与用户画像更新是构建用户画像过程中最为关键的环节。

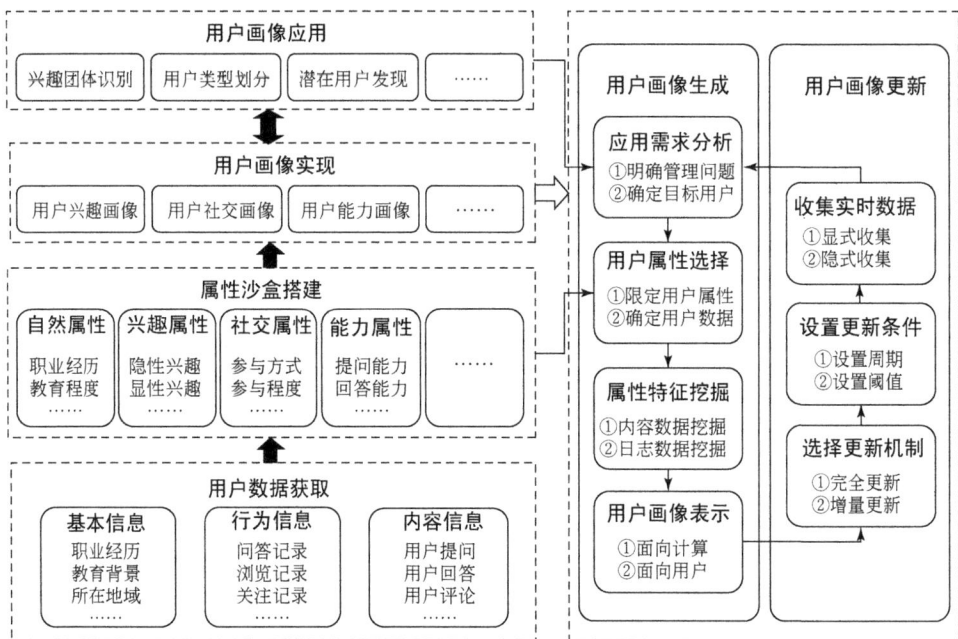

图3.3　社会化问答平台用户画像构建模型

3.2.1　用户数据获取

用户数据是生成用户画像的基础和数据来源。而用户数据来源涵盖了社会化问答平台中所有的用户数据，以及通过访谈、问卷调查等方式获取的用户数据。根据用户数据的内容差异可以将其分为三大类：用户基本信息、行为信息和内容信息。其中，基本信息指用户主动提供的关于用户自身的信息，包括职业经历、教育背景、所在地域、擅长领域等。行为信息指用户在使用平台的过程中留下的行为记录，可公开获取的行为信息包括用户的问答记录、关注记录、评论记录等，后台存储的行为信息包括用户的搜索记录、鼠标点击动作、浏览记录、停留时间等。内容信息则指用户贡献的内容，这部分信息主要以文字的形式呈现，有时也借助图片辅助表达，如用户提出的问题、提供的答案、发表的评论、发布的文章等。

3.2.2　属性沙盒搭建

由于以结构化、半结构化或非结构化形式散布在平台不同位置的用户数据内容丰富、形式多样，但用户数据仅仅是用户的外在表征，无法从中直接得到用户的需求特征、行为特征或其他特征。用户属性是用户数据的抽象和概括，从用户属性的角度观察用户，能够抓住用户的基本性质和共通性质，为深入了解用户内部特征提供一个统一的、全局性的视角，有助于实现用户数据的互通共融与用户研究的统一。因此，通过搭建属性沙盒实现用户数据分流和分类管理，即在划分用户属性的基础上，建立用户数据与不同属性沙盒的对应关系。在 4.1.2 节的分析中，将社会化问答平台用户的属性划分为自然属性和社会属性两大类，并总结归纳了平台用户的三类主要社会属性：兴趣属性、社交属性和能力属性。需要强调的是，用户自然属性、兴趣属性、社交属性和能力属性分别包含了多种用户属性，每个属性沙盒表示一种用户属性。用户数据与用户属性为一对一、多对多的关系。例如，用户的各项基本信息与自然属性类别下的用户属性为一对一关系；而用户的各项行为信息和内容信息则可能对应用户兴趣属性、社交属性、能力属性等。

（1）自然属性

自然属性包括了与用户基本情况相关的用户属性，该类别下的用户属性主要体现在用户基本信息。用户基本信息由用户主动提供，包括如下几个方面：用户名称、用户性别、用户年龄、用户描述、职业经历、教育背景及所在地域等。部分用户出于隐私保护的考虑，并没有提供完整的基本信息，所以存在部分自然属性指标缺省的情况。用户基本信息属于分类数据，是否与应用场景的相关具有不确定性。

（2）兴趣属性

兴趣属性包括了与用户兴趣（信息需求）相关的用户属性。由于用户的兴趣或信息需求存在不同的状态，包括意识到并已表达、意识到但未表达及尚未意识到的兴趣，因此可以将用户兴趣属性类别分为用户显性兴趣和隐性兴趣。用户的显性兴趣指被用户已表达的兴趣或需求；用户的隐性兴趣指潜在的、未被唤醒的或被认识但未表达的用户兴趣或需求。用户兴趣体现在行为信息和内容信息中，但用户的显性兴趣和隐性兴趣的表现形式与度量方式各不相同。用户显性兴趣最直接的反映是用户提出的问题，尔后是用户关注的问题、主题等。用户隐性兴趣则体现在用户浏览记录、回答的问题、评论的内容或关注的用户上。

（3）社交属性

社交属性主要包括与用户参与平台社交活动相关的用户属性，如参与方式、参与程度等。用户参与方式指的是用户参与平台活动时所扮演的角色，可以从不同角度进行划分。例如，用户提出问题、关注问题或主题时意味着用户希望获得某些具体信息或某些方面的知识，是信息（知识）的需求者；用户回答问题时是输出信息或知识的过程，是信息（知识）的提供者；用户对其他用户输出的内容进行评价时（包括点赞或差评）是表达认同、赞赏或反对、批评的过程，扮演着信息（知识）的审查者。此外，用户参与关注互动时扮演的角色可能是关注者或被关注者；参与评论互动时扮演的角色可能是评论者或回复者。用户参与程度体现在用户提供的基本信息的完整程度及用户关注的人数/主题数/问题数、提出/回答的问题数等。社交属性也主要体现在用户行为和内容信息中。

（4）能力属性

能力属性包括了与用户输出能力相关的用户属性。输出能力指的是用户输出高质量内容的能力，包括提出优质问题的能力、提供优质答案的能力、提供建设性评论的能力等。用户的能力属性体现在用户的基本信息和行为信息上。例如，受教育程度高的用户或是某一领域的从业者在其擅长的领域提供优质答案的可能性较高，获得点赞数较高的答案可能较好地回答了用户的问题或是获得了其他用户的认同。由于在不同情境下对"能力"的理解各不相同，利用提问能力、回答能力或是评论能力等生成用户画像时需要对评价指标作进一步分析。

3.2.3 用户画像实现

用户画像的应用场景千变万化，将用户所有的特征综合到一个用户画像中需要消耗极大的数据处理和融合成本，与此同时，为了确保用户画像的实时性和灵活性，也需要耗费大量的精力。可行性、实用性更高的解决方案是根据应用需要生成反映用户某一或某些分面（侧面）特征的用户画像。因此，社会化问答平台用户画像的类型多样，多样性主要体现在两个方面：目标用户多样性和用户分面（侧面）多样性。目标用户多样性指的是既可以面向某些用户群体生成用户画像，也可以面向单个用户生成用户画像。用户分面（侧面）多样性指的是不同用户画像所描绘的用户特征有所侧重，可能是用户一个分面或多个不同分面（侧面）的特征。而目标用户和用户分面的选择均取决于应用场景和用户画像的用途。

在确定了目标用户和用户分面之后，按需选择适用的用户属性及其相应的用户数据，然后从选取的用户数据中挖掘出用户特征，并根据用户特征的形式和内容特点对其可视化。由于用户特征具有动态性，因此需要对用户画像进行更新。本研究将用户画像实现流程总结为应用需求分析、用户属性选择、属性特征挖掘、用户画像表示及用户画像更新等五个环节。

（1）应用需求分析

用户画像服务于应用，为管理问题提供决策支持和判断依据，因此，应用需求分析是用户画像生成的第一个环节。应用需求分析环节应该解决的问题包括两个方面：一是确定将利用用户画像解决什么管理决策问题？社会化问答平台中面临的管理决策问题包括了内容管理、用户管理和技术管理三个方面。其中，内容管理涉及内容过滤、质量监督、舆情监控等；用户管理涉及用户激励、用户引导、用户分类、用户反馈等；技术管理指的是通过技术手段辅助内容管理与用户管理。二是确定涉及这一问题的相关目标用户。不同的管理决策问题所涉及的目标用户群体存在差异，而面向单个用户或群体用户构建用户画像的侧重点有所差异，因此，在应用需求分析环节需要明确这一个问题。

（2）用户属性选择

属性选择环节则针对上一环节提出的管理决策问题和目标用户，选择与之相关的用户属性及其对应的多视角用户数据。因此，该环节解决的问题是利用哪些用户属性及其对应的多视角用户数据生成用户画像。在选择用户属性时，通常采用"按需获取"的策略，根据应用的需要选择一种或多种用户属性及其对应的多视角用户数据用于生成用户画像。

（3）属性特征挖掘

选取用户属性及其对应的多视角用户数据后，需要根据多视角用户数据的类型、内容、数量特点及目标进行用户属性特征挖掘。针对不同的用户数据将选取不同的用户属性特征挖掘方法。表3.1中总结了社会化问答平台的用户数据类型，包括文本、图像、视频、音频、超链接、日志等，可以将其进一步归纳为内容数据（文本、图像、音频、视频）、结构数据（超链接）和日志数据（日志）。内容数据和日志数据是揭示用户属性特征的最重要数据来源；结构数据体现了网页之间的链接关系，由服务提供方定义，对用户属性特征的揭示较为有限。针对内容数据，通常采用自然语言处理、统计分析、文本挖掘、机器学习、社会网络分析等方法，具体地有回归分析、相关分析、分类聚类、主题挖掘、特征抽取、特征融合等。针对日志数据，有专门的日志挖掘方法可供用户属性特征挖掘。此外，由于多视角用户数据之间存在某些特定的相关关系，分别针对某个特征数据进行用户属性特征挖掘具有局限性，因而，将多视角学习方法引入用户属性特征挖掘，既可最大化多个视角数据之间的一致性，又强调每个视角数据的独特性，能够更加全面而准确地揭示和理解用户。

（4）用户画像表示

用户画像表示指的是用户属性特征表示，通常以标签的形式表示用户属性特征。标签具有概括性，凝练了用户属性特征中的关键信息，但标签的内容和形式多样，既有易于计算机处理的特征向量，也有便于使用人员理解的短语、图片或图标等。

（5）用户画像更新

由于用户具有背景、需求、角色、行为多样性和动态性，在利用用户画像的过程中，也需将时间因素考虑在内，即进行用户画像更新。用户画像更新环节主要涉及三个方面的问题：如何获取实时变化的用户数据？如何设置合适的用户画像更新触发条件？选择何种高效的用户画像更新算法？收集实时用户数据的方式可以根据用户数据的特点划分为显式收集和隐式收集。对于相对稳定的用户数据，如基本属性对应的用户数据，一般采取显式收集方式，即通过交互要求用户提供相关个人信息。对于不断变化的用户数据，如用户兴趣、社交属性等对应的用户数据，通常采用隐式收集的方式。用户画像更新触发条件主要包括两种：设置更新周期和设置更新阈值。用户画像更新机制则包括完全更新和增量更新。完全更新指读取所有历史用户数据重新生成用户画像；增量更新指只更新发生变化的部分。用户画像更新的实时用户数据获取方式、用户画像更新触发条件，以及用户画像更新机制均需要根据用户画像随时间变化的特点进行判断和选择。

需要强调的是，用户属性与用户画像为多对多的关系时，即生成用户画像时，可能利用一种或多种用户属性及其对应的用户数据，一种用户属性及其对应的用户数据可能用于一个或多个不同的用户画像。应用场景和用户画像为一对多的关系时，即面向某一应用场景时，可能根据需要生成一个或多个用户画像，用于支持产品设计或服务改善。但由于应用场景不同，即使使用相同的用户属性及其对应的用户数据，在属性特征挖掘及用户画像表示环节仍存在差异，相应地，最终呈现出来的用户画像也存在差异，因此，不提倡用户画像复用。

3.2.4 用户画像应用

随着社会化问答平台在人们获取信息、知识和社会支持的过程中扮演着越来越重要的角色，如何进一步提升服务的质量、改善用户体验成为服务提供方的工作重心。而在提供服务的过程中，一些问题仍未得到很好解决，包括如何准确地捕捉用户兴趣，提供精准的服务；如何面向不同社交偏好的用户，营造多元化的社交氛围；如何基于多视角用户数据，提供个性化的内容。多视角用户数据驱动的社会化问答平台用户画像能够在一定程度上解决上述问题。

用户兴趣会随着用户所处的工作、生活状态的变化而发生变化，可以分为长期兴趣和短期兴趣，如何识别用户长期兴趣与短期兴趣是为用户提供精准服务的前提之一。通过构建用户画像来描述用户兴趣，可以捕捉用户兴趣随时间动态变化的特点，实现用户兴趣的动态跟踪，帮助识别用户的长期兴趣和短期兴趣，并在此基础上有针对性地提供信息服务，从而提高信息服务的精准度。

用户由于受到需求、习惯、价值观、技能等因素影响，更倾向于浏览自己感兴趣的内容，具有选择性心理和注意性理解的行为特点，久而久之就有可能陷入"信息茧房"之中。客观上"信息茧房"的产生体现了以用户需求为中心的服务理念及去中心化的内容生产模式，但其带来的消极影响也是不容忽视的，具体表现为社会黏性降低、群体意见极化、关注内容单一等。针对这些问题，可以借助社会化问答平台用户画像寻找解决方案。一方面，通过计算用户画像相似度，确定与目标用户在兴趣上具有强关联的优质用户，为相似度较高的用户群体之间搭建沟通渠道，拓展用户的信息源，增加"信息偶遇"的机会，打破由于"信息茧房"带来的用户区隔。另一方面，基于多视角用户数据构建用户画像，建立不同视角用户数据之间的关联，更全面、更立体地捕捉用户属性特征，发现用户的潜在兴趣或需求，提升社会化问答平台推送内容的精准度。

为了优化问答呈现结构，满足用户个性化的信息需求，可以通过用户画像刻画用户评价、回答等能力属性，对问答的回答者进行整合与筛选，依据不同用户关注的问题领域及能力属性细粒度匹配相应问题；同时可以将用户对社会化问答平台的贡献进行分级，如获赞数、发表文章数、回答数量、被关注及收藏数量等多方面，甄别优劣用户，并以此为依据过滤低质量、庸俗化的答案，优化平台价值，提高用户黏性。

3.3　社会化问答平台用户画像实现与应用

对社会化问答平台服务方而言，能否准确理解平台用户将直接影响其信息服务的质量和效果。用户画像作为一种全面立体刻画用户的框架和工具，为社会化问答平台用户研究提供了有效的思路与方法。在用户画像的生成与应用过程中，需要用到大量来源多样、内容丰富、形式各异的用户数据，包括问题、答案、评论等用户生成内容，以及查询日志、行为记录、位置标签等用户行为数据等。上述从不同途径或不同层面获取的相关用户数据作为以用户为对象的多视角数据为生成用户画像、理解平台用户提供了宝贵的信息资源，也给用户数据利用与用户特征获取带来了挑战。常用的数据挖掘与机器学习方法难以有效融合不同视角的用户数据，而多视角学习方法作为高效处理、加工与利用多视角数据的一类方法为基于多视角数据的用户画像研究提供了新的解决方案。因此，如何通过结合多视角学习与用户画像来充分利用具有多态性、多源性、异构性的多视角用户数据，以达到全面、及时、准确理解用户的目的，进而为服务开发与优化提供有效的决策支持，成为当前社会化问答平台服务方重点关注和用户研究中亟待深入探讨和解决的问题。

结合当前社会化问答平台用户画像生成与应用的实践，一些问题也逐渐凸显，这些问题既是社会化问答平台用户画像研究所面临的问题，也是普遍意义用户画像研究中存在的问题。

（1）用户数据冷启动

尽管多视角数据为用户画像生成提供了丰富的数据来源，但新用户或沉默用户由于缺乏历史用户数据，仍难以生成有效的用户画像。为了涵盖不同类型的用户，如何在数据缺失的情况下刻画新用户或沉默用户的特征，是用户画像生成面临的一个重要问题。

（2）用户数据动态变化

用户数据在数量维度、形式维度和内容维度上都是随时间动态变化的。用户数据数量的急剧增长是用户数据动态性最为直观的表现。此外，随着信息技术不断升级与改进，信息服务趋于多元化。例如，服务内容从纯文本发展成多媒体，服务终端从 PC 端蔓延到移动端，服务方式从单一服务升级为全方位服务。相应的，用户数据在存储形式和内容含义上也不断发生变化，呈现出多样化、复杂化和相互关联的趋势。为了保证用户画像的有效性和时效性，用户数据动态性给用户画像更新提出了方法策略与更迭速度上的要求。

（3）应用场景多元化

用户画像的应用场景千变万化，包括产品设计、服务优化、个性化推荐等。不同的应用场景所关注的用户特征有所不同，如在个性化推荐中更关注用户的兴趣爱好，在产品设计和服务优化中更关注用户的行为偏好。面向不同的应用场景，利用何种用户画像、如何应用用户画像存在差别。在实现用户画像应用最大化和合理化的过程中，应用场景多元化在用户画像应用的流程设计与优化上提出了要求。

3.3.1　冷启动情境下的用户画像生成模型

目前专门针对用户画像冷启动问题的研究较少，补足缺失数据的方法大多针对单视角缺失数据（Little and Rubin，2002），如矩阵填充方法（Candès and Recht，2009）、期望极大化算法（Kantardzic，2011）或预测模型法（Wu and Chou，2004；Bashir et al.，2009）等。针对多视角缺失数据的数据补全方法也有了一些探索性研究，主要包括了三种思路：一是直接利用矩阵补全法，补全每个视角的缺失数据，但这类方法没有充分利用多视角数据的语义互补性；二是利用多视角数据间的紧邻关系传递性，通过使用简单的"近邻"法补全缺失数据，如基于广义典型相关性补全缺失数据（Velden and Takane，2012）、基于深度学习补全图像数据（Li et al.，2014）等，这类方法依赖大量的样本数据，小样本数据易出现过拟合现象；三是利用多视角数据的相融互补性补全缺失数据，如结合视角相容性判断模型和多元线性回归，实现多视角缺失数据预补全与精确补全（杨旭等，2018）。

多视角学习为利用多视角数据生成社会化问答平台用户画像提供了新的思路和方法，但如何在多视角数据缺失的情况下，利用多视角学习方法提取用户数据特征、构建特征体系、生成用户画像仍有待进一步研究。

根据用户使用社会化问答平台的频率可以将用户分为新用户、沉默用户（流失用户）和活跃用户。本书将新用户和沉默用户统称为沉睡用户（sleepy user），简称 S 型用户，将活跃用户（active user）简称为 A 型用户。用户画像的生成依赖于社会化问答平台中存储的一定数量和质量的用户数据。由于用户数据有限，不足以支撑生成 S 型用户的用户画像。本书尝试结合协同训练、多核学习和模型迭代，提出冷启动情境下的用户画像生成模型，如图 3.4 所示。

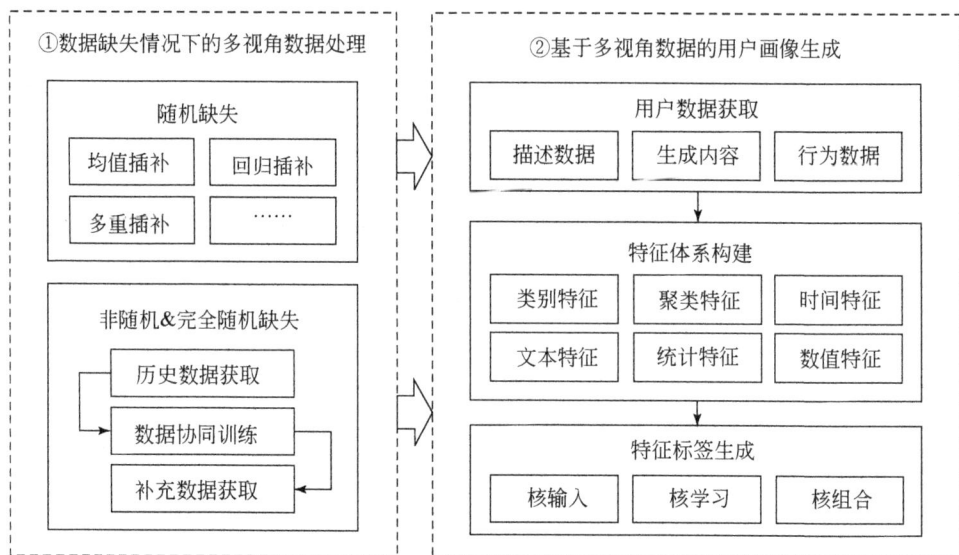

图 3.4　冷启动情境下的用户画像生成模型

（1）数据缺失情况下的多视角数据处理

首先，获取平台 S 型用户的历史用户数据，分析社会化问答平台用户数据的属性构成及数据缺失的机制与形式。其次，根据数据缺失的类别选择数据处理方法：对于随机缺失数据，可以采取均值插补、回归插补、多重插补等方法填补缺失数据；对于完全随机缺失和非随机缺失数据，通过协同训练补足缺失数据：一方面，可以利用 A 型用户的历史数据挖掘与 S 型用户具有高度相似性的 A 型用户作为样例，以样例的多视角数据作为 S 型用户的补充数据；另一方面，可以根据多视角数据的相融互补性和紧邻关系传递性，综合矩阵补全、近邻法及多元线性回归等方法补足缺失数据。

（2）基于多视角数据的用户画像生成

生成用户画像的过程就是从多视角用户数据中获取用户属性特征的过程。具体步骤如下：首先，获取用户数据，包括用户描述数据、生成内容和行为数据。在利用多视角学习方法获取用户属性特征之前，需要厘清用户、用户属性、用户数据及数据属性之间的关系。然后，根据用户数据内容构建多元特征体系，将用户数据划分为不同的特征群，包括类别特征、聚类特征、时间特征、文本特征、统计特征和数值特征等。最后，将不同视角数据分别输入不同的核，由于不同的核函数可能对应不同类型的数据，因此对不同视角的特征空间应采取不同的核，通过核学习得到一个组合核，生成特征标签。核学习的典型方法是简单多核学习方法，组合方式包括线性组合和非线性组合，具体采用何种组合方式应根据数据维度的复杂度及实际计算效果来选择。

3.3.2 多视角思维下的用户画像更新机制

由于用户数据是动态变化的，因此用户画像更新是用户画像构建与应用过程中必须考虑的问题。用户画像的更新策略主要包括完全更新和增量更新（牛温佳等，2016），而用户画像的更新方法可以分为基于统计的方法、基于机器学习的方法和基于协同过滤/特征匹配的方法。

基于统计的方法利用统计学原理构建预测模型生成用户特征预测值，并根据预测值更新画像（Gorla et al., 2013）。这种方法虽然操作简单，但没有考虑用户兴趣偏移导致的兴趣向量夹角变化，准确性有限。

贝叶斯网络作为一种基于概率分布的分类模型，在基于机器学习的用户画像更新中应用较为普遍。例如，通过多元回归分析构建基于贝叶斯网络的用户画像模型，然后追踪用户实时行为数据，结合兴趣阈值更新网络模型中的参数，达到用户画像动态更新的效果（张小可等，2016）。或是利用贝叶斯线性模型进行用户兴趣变化预测，根据预测结果更新用户画像兴趣维度的标签权重，从而更新用户兴趣集（刘勇等，2018）。也有在用户特征向量模型基础上，使用反馈算法不断将用户反馈信息加入到模型之中，达到更新用户画像的效果（Farnadi et al., 2018）。

基于特征匹配的方法则在持续追踪用户数据并生成特征的基础上，将新旧状态下的用户特征集进行比对，通过调整用户特征集来更新画像。应用最为成熟的是滑动窗口算法，即每隔固定时间段离线运算并存储用户标签（费洪晓等，2008；于洪和李转运，2010；沈键和杨煜普，2013）。也有研究引入衰减因子，衡量用户标签随时间衰减的程度，结合标签增量和时间衰减因子更新画像（Koychev and Schwab, 2000；Wu et al, 2008）。此外，还有构建用户模型特征的本体体系，通过与原用户画像特征进行语义相似度计算，设定相似度阈值进行画像更新的方法（Reformat and Golmohammadi，2009），以及利用最长公共字串等进行新旧特征匹配和更新的方法（Sánchez and Bellogin，2019）。

上述更新策略与更新方法均为社会化问答平台用户画像更新提供了思路与参考，但如何根据用户数据动态变化的特点设计更新内容、更新条件和更新策略，实现三者的有机统一仍有待进一步深入研究。

用户数据在内容、形式和数量上是动态变化的，对用户画像的更新策略和更迭速度提出了要求。本书尝试提出多视角思维下的用户画像更新机制，如图3.5所示。

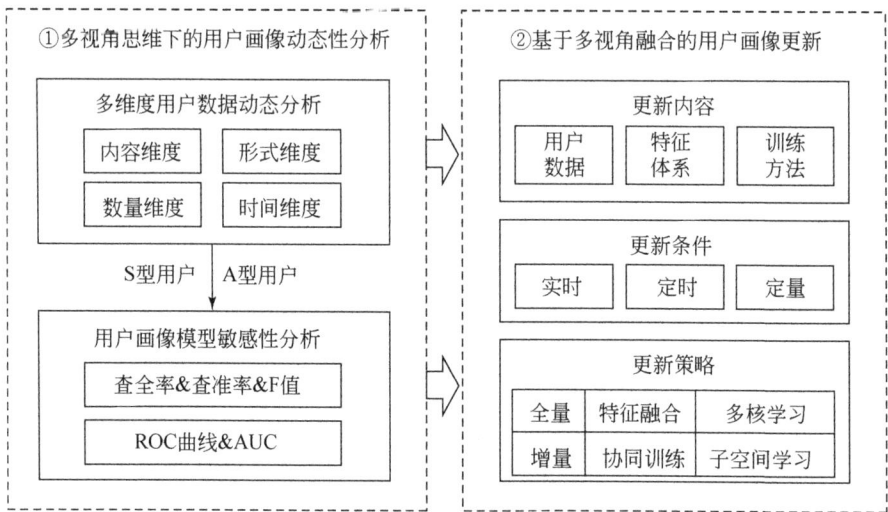

图3.5　多视角思维下的用户画像更新机制

（1）多视角思维下的用户画像动态性分析

首先，收集历时用户数据，利用比较分析法、统计分析法、内容分析法，从用户数据的内容、形式、数量维度分析不同类型用户（S型用户和A型用户）的用户数据随时间变化的规律。其次，分析用户画像模型对动态用户数据的敏感度，即当用户数据产生何种程度变化时会对模型的性能产生影响。由于用户画像生成过程是用户标签生成过程，可能涉及二分类问题和阈值分类问题，分别针对二分类问题及阈值分类问题选择相应的模型性能评价指标；通过绘制P-R曲线或ROC曲线与AUC来寻找平衡点，探索模型的变化特征与规律，分析用户数据如何对用户画像生成模型产生影响，以此作为用户画像更新的判断依据。

（2） 基于多视角融合的用户画像更新

该部分将在用户画像动态性分析的基础上展开。首先，确定更新的内容，即根据用户画像模型对数据的内容、形式和数量的敏感度，确定是否需要更新用户数据、特征体系或训练方法。其中，特征体系更新是多视角融合的过程，常用的训练方法包括协同训练、多核学习和子空间学习。其次，根据用户数据的变化规律及用户画像模型对用户数据的敏感性选择更新条件，当前主要的更新条件设定方式包括定时更新、实时更新和定量更新。最后，还需选择相应的更新策略，用户数据更新策略包括全量更新和增量更新。需要强调的是，在确定更新内容、设定更新条件及选择更新策略时，应考虑更新效率是否能满足应用需要。

3.3.3　面向多元任务的用户画像应用框架

在用户画像管理过程中，还涉及用户画像融合问题。用户画像融合可能发生在特征层、用户层、模型层等多个层面。

特征层融合通常指对某个用户的不同特征进行融合。例如，综合运用随机森林、支持向量机和朴素贝叶斯分类算法融合用户社交图谱特征、用户签到点类型和用户签到地点，实现朋友关系推理（罗慧等，2014）；或是将不同用户特征（如用户关系、用户性格情绪等）融入 LDA 模型实现主题与情感的融合（黄发良等，2017）。钟雪燕等（2018）则基于功能描述文本、用户评论、分类标签分别构建个体相似度网络，然后对相似度网络进行非线性融合，实现用户特征融合。

用户层融合通常指不同用户同类特征融合，即对同类特征进行指标拆解，使特征体系尽量全面适用于多种用户。例如，陈志明和胡震云（2017）通过构建社交属性、兴趣属性和能力属性评价指标融合用户特征；王凌霄等（2018）通过用户资历、用户参与度、用户回答质量等指标融合社会化问答平台用户的行为特征。

模型层融合指的是生成用户画像之后对用户画像进行融合，可以借鉴智能推荐领域的融合策略。例如，推荐算法融合中的线性加权法，通过汇总单一模型的推荐结果，根据情境设计具体规则赋予不同结果不同权重，以获得适合群组用户的最终推荐结果（Wang et al.，2016）。也有研究通过结合多种融合方法获得更为精准的结果，如 Gorla 等（2016）通过一种基于概率方法的推荐模型，实现多种融合策略的融合。

模型层融合适用于相同类型用户模型或用户画像的融合，对于不同类型用户画像的融合主要采取用户层融合或特征层融合的方式。但目前的研究大多只针对少数用户特征融合或是少数特征用户融合，尚未有研究关注多用户特征或多特征用户的融合问题。

用户画像的生成与更新是应用导向的，而社会化问答平台用户画像的应用场景是复杂多变的，因此，对用户画像应用场景的特点进行梳理和总结，在此基础上分析不同应用场景下社会化问答平台用户画像应用框架，如图 3.6 所示。

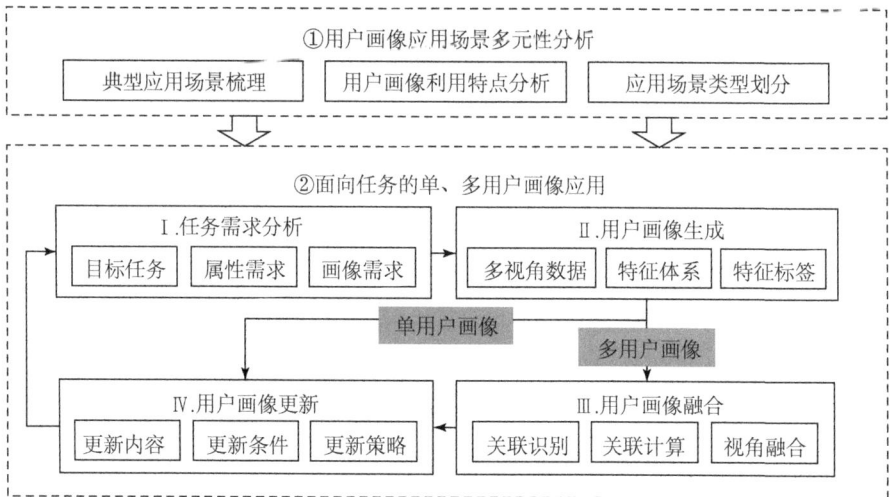

图 3.6　面向多元任务的用户画像应用框架

（1）用户画像应用场景多元性分析

首先，梳理典型应用场景。就社会化问答平台服务方而言，最为典型的用户画像应用场景是围绕平台核心功能展开的。因此，以社会化问答平台的核心功能为中心，梳理典型的用户画像应用场景。然后，以典型应用场景为例，对不同场景下用户画像应用的特点进行分析，如从用户画像数量、类型、动态性等方面进行比较分析。由于用户具有多面性和复杂性，难以通过一个用户画像揭示用户所有的属性特征，并且在实际应用场景中往往只需要根据用户某一或某些属性维度的特征进行决策。因此，在用户画像应用过程中，往往根据应用需要生成单个或多个分面用户画像，然后对分面用户画像进行应用。又由于利用单用户画像和利用多用户画像在流程上存在较大差别，因而需要从面向任务的单、多用户画像应用两个方面入手研究用户画像的应用框架。

(2) 面向任务的单、多用户画像应用

在应用用户画像之前，需要对任务需求进行分析，即分析任务涉及的用户画像数量和类型。若仅需利用单个用户画像，则主要考虑单个用户画像的生成和更新的问题；若需要利用多个用户画像，还需考虑用户画像融合问题。因此，形成包括任务应用需求分析、用户画像生成、用户画像融合、用户画像更新的用户画像应用框架。其中，用户画像融合将建立在用户属性关联识别的基础之上。用户属性之间可能不存在相关关系，也可能存在一元或多元相关关系，因此，本部分将综合利用统计分析方法、多核学习和子空间学习方法识别用户属性之间的相关关系，并根据相关关系的特点选择用户画像融合方法。

在模型与方法研究的基础上，以国内外最具代表性的社会化问答平台为例，面向社会化问答平台中最主要的两个管理问题——用户管理和内容管理，进行用户画像实证研究。其中，用户偏好识别从用户角度进行平台管理，这是用户差异化管理的前提和基础，包括了用户兴趣偏好、功能偏好、社交偏好识别等；知识流动监测则从内容角度进行平台管理，这是促进掌握用户兴趣和用户动态的关键，包括了知识分享、知识交流、知识获取等方面。通过实证研究对模型与方法研究中提出的模型和算法进行适应性验证，并提出优化和修正策略，提炼研究结果。

3.4 本章小结

本章首先对社会化问答平台用户数据类型和用户属性维度进行了分析。平台用户数据可以分为三大类：用户基本信息、用户行为信息及用户贡献内容。结合用户与真实世界存在的人的关联及平台功能的特点，将社会化问答平台用户的属性划分为自然属性和社会属性两大类，并总结归纳了平台用户的三类主要社会属性，分别为兴趣属性、社交属性和能力属性。

其次，本章提出了社会化问答平台用户画像构建模型。构建流程包括用户数据获取、属性沙盒搭建、用户画像实现和用户画像应用。其中，用户画像实现部分包含了用户画像生成与更新流程。用户画像实现流程包括应用需求分析、用户属性选择、属性特征挖掘、用户画像表示和用户画像更新五个环节。

最后，本章针对社会化问答平台用户画像在实现与应用过程中面临的问题，提出冷启动情境下的用户画像生成模型，以及多视角思维下的用户画像更新机制及面向多元任务的用户画像应用框架。

　　综上所述，本章结合社会化问答用户、用户数据和平台功能的特点，构建了社会化问答平台用户画像模型。该模型为后续章节的用户画像生成和更新研究提供了明确的指引和统一的框架。针对社会化问答平台用户画像实现与应用过程中所面临的问题，提出解决方案、模型和框架，为社会化问答平台用户画像的价值发挥提供支持。

4 | 面向主题的用户画像生成

第 3 章中提出了社会化问答平台用户画像构建模型，并对用户画像生成过程的各个环节进行简要分析。该模型为社会化问答平台用户画像生成提供了指引与框架，但用户画像生成是一项系统性工程，每个环节的实现思路和方法需要在实证过程中进一步明晰。

社会化问答平台 Quora 由 Facebook 前首席技术官 Adam D'Angelo 和 Charlie Cheever 于 2009 年创立，支持英语、法语、德语、西班牙语和意大利语。2009 年 12 月推出 Quora 测试版，随后在 2010 年 6 月 21 日向公众开放。Quora 成立之初采用邀请注册制，吸引了各行各业的精英；一年后正式对公众开放，用户可以使用社交网络账号登录。截至 2017 年 4 月，Quora 的注册用户已超过 1 亿 9000 万，创建的主题数量已超过 40 万，是国外使用最为广泛、最具代表性的社会化问答平台（Craig，2018）。

本章将在社会化问答平台用户画像模型的指导下，以 Quora 为例，进行社会化问答平台用户画像生成的实证研究。

4.1 面向主题的用户画像

社会化问答平台中涉及的内容庞杂、用户数量庞大，如若面向整个平台生成用户画像既难以捕捉用户使用社会化问答平台时的具体场景，也将在实验准备阶段耗费大量精力进行用户数据收集和处理。同时，由于社会化问答平台中的内容主要由用户生成内容组成，包括用户基本信息、用户行为信息和用户贡献内容，且用户贡献内容是平台中占比最大的用户生成内容，而用户贡献内容通常以主题页面的方式组织。基于这一内容组织特点，可以将用户范围和应用场景缩小到一定主题范围内，面向主题进行社会化平台用户画像实证研究。Quora 也是通过主题页面组织用户贡献内容，且每个主题页面中包含了三部分内容：①主题基本信息；②主题问答列表；③主题关注者列表。主题基本信息包括主题名称、主题描述、主题下提问数量、主题关注者数量、相关主题等；主题问答列表包括所有与主题相关的提问及其回答；主题关注者列表包括所有关注该主题的用户数据。主题下涵盖了用户基本信息、行为信息及内容信息。

综上所述，面向主题进行用户画像生成研究能够聚焦有一定共同兴趣的用户，有助于发现用户的共性和特性，也有助于聚焦信息服务中存在的问题，提供有针对性的优化方案和改进策略。并且，由于主题页面中包含了各类用户数据，面向主题进行用户画像生成研究具有一定代表性。

面向主题的用户画像指聚焦某一特定主题下的用户群体，从与主题相关的用户数据中挖掘用户群体的特征，生成用户画像。因此，面向主题的用户画像是群体用户画像。面向主题的用户画像生成流程仍将遵循第 3 章提出的社会化问答平台用户画像生成流程，即包括应用需求分析、用户属性选择、属性特征挖掘和用户画像表示四个环节。其中，应用需求分析环节主要回答两个问题：一是生成面向主题的用户画像是为了解决什么实际问题？二是选取哪些用户作为目标用户？用户属性选择环节根据应用的需要，选择一种或多种用户属性及其对应的用户数据用于生成面向主题的用户画像。用户属性及其对应的用户数据选择完成后，需要根据用户数据的数据类型、数据内容，选择适当的数据挖掘方法进行属性特征挖掘。然后，将用户特征凝练成标签并进行可视化。需要强调的是，标签的表现形式多种多样，既有适用于机器处理的表现形式，如词汇、概念、向量等，也有便于人理解的表现形式，如主题、短语、图片等。

在选择用户画像实证研究的主题范围时，主要从两个方面进行考虑：一是主题内容的重要性和代表性，二是主题中用户数据的数据量大小。

由于健康是关系到人们生存与发展的基础问题，人们的健康意识逐渐增强，健康信息需求也快速增长。研究表明，72% 的成年网民曾经在互联网中搜索过健康相关的信息，其中 26% 网民在过去一年内曾经浏览过其他网民在网络中分享的与健康相关的信息、知识、经验。此外，在美国，有 16% 的成年网民曾经搜索过关注相同健康问题的用户及其分享的内容（Fox，2014）。由此可见，健康信息需求是人们日常生活中常见的信息需求之一，且社会化问答已经成为人们常用的健康信息获取方式之一。根据世界卫生组织报道，非传染性疾病（即慢性病）的主要类型包括心血管疾病、癌症、慢性呼吸系统疾病以及糖尿病（WHO，2017）。高血压作为一种典型的心血管疾病已经影响全世界超过十亿人口的健康，已经成为引起全世界关注的重大公共健康问题。本部分对 Quora 中高血压主题下包含的内容进行摸底。截至 2017 年 6 月，该主题下共包括 2200 多条用户提问，12 500 多位用户关注了该主题，如图 4.1 所示。高血压主题中问题数量级和关注用户数量级适中，能够支持用户画像实证研究。因此，综合考虑主题内容和主题中用户数据的数据量，本部分以 Quora 中的高血压主题开展面向主题的用户画像生成的实证研究具有可行性。

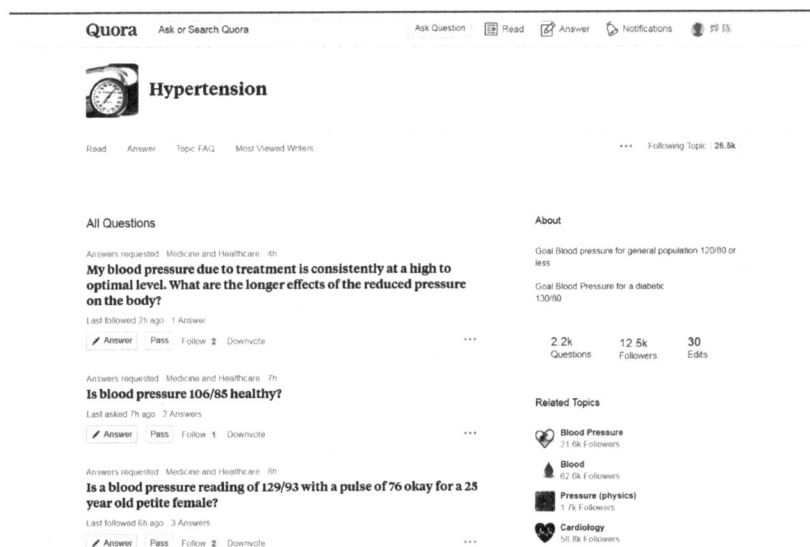

图 4.1　Quora 中高血压主题页面（2017 年 6 月 30 日）

社会化问答平台作为一类典型的信息服务平台集合了大众百科和社交媒体的功能，为用户提供了一个分享和获取知识、结识有共同兴趣爱好朋友的平台。社会化问答平台的核心功能为知识共享和用户社交，而围绕平台核心功能展开的内容管理和用户管理是社会化问答平台管理中两个极其重要的方面。因此，本书将聚焦高血压主题在内容管理和用户管理中存在的问题，进行面向主题的用户画像实证研究。

4.2　用户兴趣画像生成

在以 Quora 为代表的社会化问答平台中，主题页面主要以列表的形式组织用户提出的问题。当用户想获取该主题下某些具体的信息或知识时，只能通过关键词搜索或列表浏览的方式定位相关问答；但关键词搜索返回的相关问答有限。例如，在 Quora 中通过关键词搜索仅返回 5 条相关问题，且很多情况下用户无法准确描述自己的信息需求；而列表浏览方式需要耗费大量的时间定位相关问答，使用户体验大打折扣。针对这一问题，可以通过分门别类地组织主题下的用户提问，帮助用户快速定位相关问答，也可以通过提供主题内容索引，帮助用户了解主题下其他用户讨论的热点。由于用户提问是用户兴趣的最直接表达，因此可以选取用户兴趣属性对应的用户数据生成面向主题的用户兴趣画像，通过用户画像描绘主题下用户兴趣的特征，进而实现主题下用户提问分类和热点识别。

基于此，本节将以用户提问分类和主题热点识别为目的，进行面向高血压主题的用户兴趣画像（以下简称用户兴趣画像）生成研究。

4.2.1 问题描述

用户提问分类和热点识别主要关注主题下用户已经表达的信息需求（兴趣），即用户显性兴趣，因此，选取用户显性兴趣属性及其对应的用户数据作为用户兴趣画像的信息来源。而用户显性兴趣属性对应的用户数据包括用户提问的内容、提问时间、答案数量、关注数量、浏览数量等。实现用户提问分类和热点识别的关键是对用户提问的内容特征进行分析。由于 Quora 中的用户提问由长度小于 250 个字符的短语或段落构成，可以从三个层面对用户提问的内容特征进行分析，分别为语句（或段落）、主题和词汇。

从语句（或段落）层面理解用户提问的内容，粒度过大，且不便于计算机识别与计算；从词汇角度进行分析则破坏了问题中的语义信息；介于词汇和语句（或段落）之间的主题既保留了文本的语义信息又易于表示和计算，在理解用户提问的内容上更具适用性。因此，可以从主题层面对用户提问内容进行分析，挖掘用户兴趣主题，生成用户兴趣画像，然后根据用户画像的结果实现用户提问分类和热点识别。

在用户兴趣画像生成过程中，需要重点解决的问题包括：①选择何种主题挖掘模型挖掘用户兴趣（用户提问）主题？如何评价主题挖掘的效果？②如何确定用户兴趣（用户提问）主题中的热点主题？③如何表示用户兴趣画像？

4.2.2 研究设计

4.2.2.1 数据获取与预处理

（1）数据获取

利用网络爬虫爬取 Quora 中高血压主题下的用户提问标题、描述、提问时间、答案数量、关注数量和浏览数量，数据表内容如表 4.1 所示。截至 2017 年 6 月 30 日，共获取高血压主题下的用户提问 2288 个。

表 4.1 用户提问数据表内容

数据表名称	数据表内容
用户提问	编号、标题、描述、时间、答案数、关注数、浏览数

（2）数据预处理

在对用户兴趣（用户提问）进行主题挖掘前，需要对用户提问数据进行预处理。预处理主要包括数据变换和数据清洗两个步骤，如图 4.2 所示。

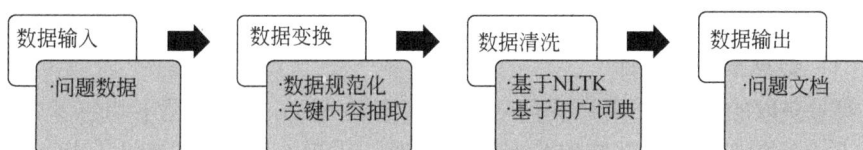

图 4.2 用户提问数据预处理流程

1）数据变换指的是将获取的数据转换成适用于挖掘的形式，包括数据规范化和关键内容抽取。例如，网页中时间的表示方式为"Last Asked 5 days ago"或"Last Asked Mar 25，2017"，将第一种时间表示规范为"MM-DD-YYYY"的格式，并从第二种时间表示中抽取年份、月份和日期，也规范为"MM-DD-YYYY"的格式。

2）数据清洗指的是去除问题标题和描述（以下统称问题文本）中对用户兴趣识别和发现没有帮助的信息，本书利用了基于 NLTK 的方法和基于用户词典的方法。基于 NLTK 的方法指的是借助自然语言处理工具包（natural language toolkit，NLTK）完成问题文本的初步清洗，包括将字母统一为小写字母，去除标点符号，进行词形还原处理等。词形还原（lemmatization）区别于词干提取（stemming），前者将任何形式的词汇还原为一般形式，后者从不同形式的词汇中抽出词汇的词干或词根。但两者的目的均是将词汇的屈折形态或派生形态归并或简化为原型或词干的形式，实现词汇的归一化。例如，词汇"driving"词形还原的结果是"drive"，而词干提取的结果是"driv"。从这个例子可以看出，词干提取的结果可能无法表达完整语义，因此本书选取词形还原方法，将词汇还原为基础形式，一方面减少噪音，另一方面也使语义特征更集中和突出。在上述基于

NLTK 的数据清洗完成之后, 本书还根据自建的用户词典对问题文本进行再次清洗, 优化数据清洗结果。自建用户词典主要包括三个词表: 停用词表、保留词表和合并词表。停用词表除了 NLTK 提供的英文停用词表, 也根据初步清洗结果补充无意义的词汇, 包括部分修饰词 (形容词或副词) 和常用动词, 例如 "almost" "always" "say" "go" 等。保留词表包含了主题 (高血压) 相关、应该保留的特别表达和专有医学名词。例如, 血压通常被表示为 "H/L mmhg" 或 "H/L kpa", 其中 "H" 和 "L" 分别表示高压值和低压值, "mmhg" 和 "kpa" 分别表示血压的计量单位毫米汞柱和千帕斯卡, 因此将 "mmhg" 和 "kpa" 收入保留词表。合并词表主要包含了同义词和词形还原未括的可以合并的词汇, 例如, 同义词 "mother" 和 "mum" 统一为 "mother", 修饰词 "good/well" 的比较级 "better" 或最高级 "best" 统一为原型。

(3) 数据描述性统计

实验获取的 2288 个用户提问对应的答案共 6298 个, 问题平均答案数约为 2.75 个。绘制所有问题和答案的时间分布图, 从图 4.3 中可以看出, 从 2010 年 7 月至 2017 年 6 月, 高血压主题的问题和答案随时间的推移不断增长, 且答案的增长速度高于问题; 可以根据问题数量的增长速度, 以 2014 年 4 月为分界线将整个时间段划分蛰伏期 (2010 年 7 月~2014 年 4 月) 和增长期 (2014 年 4 月~2017 年 6 月)。

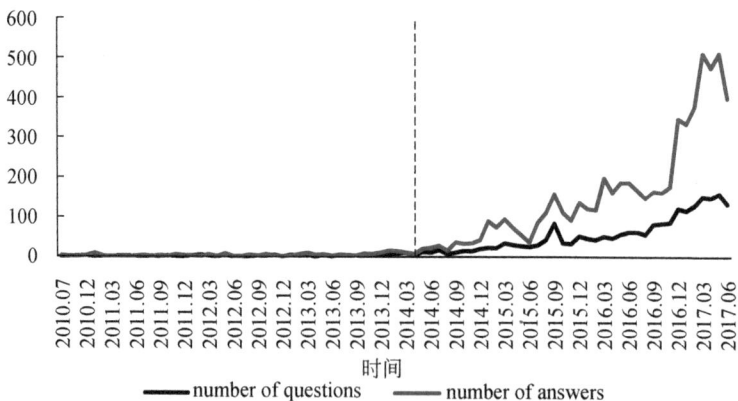

图 4.3 高血压主题下的问题和答案发布时间分布

绘制所有问题的答案数量和关注数量分布图, 从图 4.4 中可以看出, 大多数问题获得的答案和关注者都较少, 仅有少数问题获得了大量的答案和关注者。其中，答案数和关注者数量为 1 的问题数量最多，分别为 673 个和 699 个；问题 "How do you lower your blood pressure？" 获得了最多的答案，截至 2017 年 6 月 30 日共获得 54 个答案。问题 "What causes high blood pressure（hypertension）？" 获得最多的关注者，截至 2017 年 6 月 30 日共获得 89 位关注者。

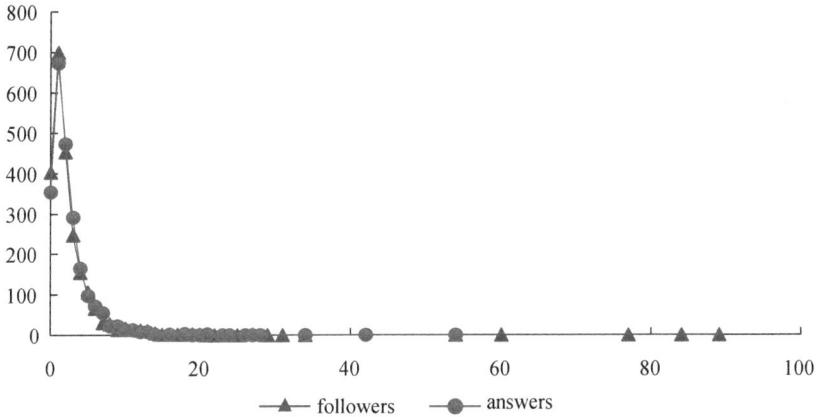

图 4.4　高血压主题下问题的答案数量和关注者数量分布

将问题分别按照获得的答案数量和关注者数量由高到低排列，汇总答案数量或关注者数量排名前 15 的问题，如表 4.2 所示。从表中可以看出，引起用户广泛讨论的内容集中在病因与病理、诊断（血压测量）、治疗（药物、饮食）、控制（血压、固醇、血糖等）、保健（身体、心理）等方面。

表 4.2　答案数量或关注者数量排名前 15 的问题列表

序号	标题	回答数	回答数排序	关注者数	关注者排序
1	How do you lower your blood pressure?	54	1	84	2
2	What causes high blood pressure (hypertension)?	42	2	89	1
3	What should I do to deal with low blood pressure?	34	3	19	11
4	What is the best diet for high blood pressure?	28	4	34	6
5	How can I control cholesterol?	27	5	54	5
6	How do I control blood pressure?	26	6	22	12

续表

序号	标题	回答数	回答数排序	关注者数	关注者排序
7	What is the best natural medicine for high blood pressure?	24	7	25	13
8	What are home remedies for high blood pressure?	23	8	29	8
9	How can l control my blood sugar?	21	9	14	14
10	How do I calm down for blood pressure tests?	21	10	12	15
11	Why does my blood pressure cuff make me feel terrible afterwards?	20	11	77	3
12	Which blood pressure monitor is best for monitoring BP at home?	18	12	27	9
13	Why can salt be bad for you?	13	13	31	7
14	A man was on high BP medicine for 30 yr. Had swollen feet. Increased his water intake to 200 ml every hour. The swelling disappeared in 48 hours. Why?	7	14	27	10
15	Has taking supplemental CoQ10 benefited you in any way (changed your quality of life/overall health)?	3	15	60	4

4.2.2.2 兴趣特征挖掘

(1) 主题挖掘

对用户提问数据进行清洗之后，利用主题挖掘模型挖掘用户兴趣（用户提问）的特征。在本书3.3节中已经介绍了常用的主题挖掘模型，包括 PLSI 模型、LDA 模型和 BTM 模型。由于 Quora 中的问题标题的字符数限制在 250 个以内，且仅有少数问题有描述内容，问题文本属于典型的短文本，而通过词对共现加强主题的词对主题模型（biterm topic model, BTM）更加适用于短文本主题挖掘。因此，本研究选取 BTM 模型进行高血压主题下的用户兴趣（用户提问）特征挖掘。

BTM 模型的实现流程包括三个步骤：①文档输入：输入文档—词汇列表。

②模型运算：设定文档—主题分布 θ 的超参数 α、主题—词对分布 φ 的超参数 β、迭代次数 n 及目标主题数 k。③模型输出：输出主题—词汇矩阵和文档—主题矩阵，如图 4.5 所示。

	w_1	w_2	$\cdots$	w_n
t_1	ww_{11}	ww_{12}	$\cdots$	ww_{1n}
t_2	ww_{21}	ww_{22}	$\cdots$	ww_{2n}
$\cdots$	$\cdots$	$\cdots$	$\cdots$	$\cdots$
t_k	ww_{k1}	ww_{k2}	$\cdots$	ww_{kn}

	t_1	t_2	$\cdots$	t_k
d_1	wt_{11}	wt_{12}	$\cdots$	wt_{1k}
d_2	wt_{21}	wt_{22}	$\cdots$	wt_{2k}
$\cdots$	$\cdots$	$\cdots$	$\cdots$	$\cdots$
d_d	wt_{d1}	wt_{d2}	$\cdots$	wt_{dk}

（a）主题—词汇矩阵 （b）文档—主题矩阵

图 4.5 主题挖掘的输出文档

在进行模型运算的过程中，文档—主题分布的超参数 α 一般设定为 $50/k$，主题—词对分布的超参数 β 一般设定为 0.01，迭代次数设定为 1000，但最优目标主题数需要根据实验结果进行选择。而最优目标主题数的确定常常需要借助主题模型的评价指标：困惑度和主题结构稳定性（Cao et al., 2009）。

困惑度一般指语料库中所有词例（token）的似然值的几何平均数的倒数，故困惑度越小，语料库似然值越大，说明训练出的模型对语料库的拟合效果越好，即模型对于新文本的主题预测能力越强。在 BTM 模型中，词例不再是某个词汇，而是由两个词汇组成词对，即 biterm。BTM 模型中的困惑度计算公式如式（4.1）所示。

$$\text{Perplexity} = p(\widetilde{B} \mid M) = p(\vec{b} \mid M)^{-\frac{1}{|B|}} = \prod_b^{|B|} p(b \mid M)^{-\frac{1}{|B|}} \tag{4.1}$$

式中，$\vec{b}$ 表示每个文档的词对集合，$p(b \mid M)$ 表示训练所得主题模型生成词对 b 的概率，计算公式如式（4.2）所示。

$$p(b \mid M) = \sum_z^k p(z) p(w_i \mid z) p(w_j \mid z) = \sum_z^k \theta_z \varphi_{z,b_{wi}} \varphi_{z,b_{uj}} \tag{4.2}$$

因此，整个模型的困惑度可以表示为：

$$\text{Perplexity} = \left[\prod_b^{|B|} \left(\sum_z^k \theta_z \varphi_{z,b_{wi}} \varphi_{z,b_{uj}} \right) \right]^{-\frac{1}{|B|}}$$

$$= \exp\left| -\frac{\sum_b^{|B|} \log\left(\sum_z^k \theta_z \varphi_{z,b_{wi}} \varphi_{z,b_{uj}} \right)}{|B|} \right| \tag{4.3}$$

　　主题结构稳定性衡量了主题模型训练所得主题间平均语义距离的大小。主题间语义相似度（between-topic semantic similarity，BTS）将主题看作一个向量，通过主题向量间的夹角余弦值判断主题间的语义相似度。根据图 4.5（a）主题—词汇矩阵，主题间语义相似度（BTS）的计算方式如式（4.4）所示。

$$BTS = Sim(Topic_A, Topic_B) = \frac{\sum_{i=1}^{n} ww_{iA}ww_{iB}}{\sqrt{\sum_{i=1}^{n} (ww_{iA})^2} \sqrt{\sum_{i=1}^{n} (ww_{iB})^2}} \qquad (4.4)$$

式中，$Topic_A$ 和 $Topic_B$ 表示任意两个主题向量，且 $1 \leqslant A < B \leqslant k$。主题间平均语义距离的计算公式如式（4.5）所示。

$$Arg_B TS = \frac{\sum_{A,B=1}^{k} Sim(Topic_A, Topic_B)}{C_k^2}$$

$$= \frac{2 \sum_{A,B=1(A<B)}^{k} \sum_{i=1}^{n} ww_{iA}ww_{iB}}{k(k-1) \sqrt{\sum_{i=1}^{n} (ww_{iA})^2} \sqrt{\sum_{i=1}^{n} (ww_{iB})^2}} \qquad (4.5)$$

　　因此，主题向量间的夹角余弦值越小，说明主题间语义相似度越小，主题间语义距离越大；主题间平均语义距离越大，说明主题结构稳定性越小，主题挖掘模型识别出的子主题的语义独立性越强；反之则主题间平均语义距离越小，主题结构稳定性越大，主题的语义独立性越弱。

　　利用 BTM 模型对同一语料库进行主题挖掘，当主题数量的设定不同时，训练所得的困惑度和主题结构稳定性各不相同。一般情况下，困惑度和主题间平均语义距离越小，主题挖掘的效果越好，因为困惑度越小，模型的预测能力越好，而主题间平均语义距离越小，主题结构稳定性越高。但这并不意味着困惑度或主题间平均语义距离最小对应的主题数量即为最优目标主题数。由于主题模型是一种基于可观测变量的抽样统计和概率计算的主题模型构建过程，求解的结果并不精准，因此最优目标主题数的选择除了参考定量的统计结果，还需要从定性的角度对模型训练结果的可解释性进行评定。

（2）特征抽取

　　主题挖掘得到了主题—词汇矩阵和文档—主题矩阵，为了进一步明确主题含义和文档内容，需要从主题—词汇矩阵和文档—主题矩阵中抽取主题特征和文档特征。抽取主题特征指的是从主题—词汇矩阵抽取最能体现主题含义的词汇来表示主题；抽取文档特征指的是从文档—主题矩阵中抽取最能体现文档内容的主题来表示文档。

在抽取主题特征的过程，可以将主题—词汇矩阵拆分为 K 个主题词汇向量（K 为最优目标主题数），将主题—词汇向量中词汇按照概率由大到小排列，选取概率较大的词汇作为主题特征；但由于实验所用的语料库是高血压相关的问题，"hypertension""high"" blood"" pressure"等词汇往往占据主题—词汇向量的前几位，简单地选取概率较大的词汇作为主题特征无法有效区别各主题之间的差异。因此，本书通过 TF-IWF 对主题—词汇矩阵中的词汇进行加权，并选取加权主题—词汇向量中的排名前 M 的词汇作为主题特征，构成 M 维主题特征向量。

TF-IDF（Term Frequency- Inverse Document Frequency，词频—逆文档频率）是一种传统的文档特征统计方法，它的基本思想是在文档集合中，在一篇文档中出现频率（TF）很高且在其他文档中出现频率（IDF）较低的词汇表现文档特征能力较强，适用于文档分类。TF-IDF 的计算公式如式（4.6）所示。

$$\text{weight}(w_i, d_k) = f_{ik} \times \lg\left[\frac{N}{N(w_i)}\right] \tag{4.6}$$

式中，f_{ik} 表示词汇 w_i 在文档 d_k 中的频率，$N(w_i)$ 表示词汇 w_i 在文档集合中出现的次数，N 表示文档集合的总长度。在 TF-IDF 的基础上，Aless 等（1999）认为 IDF 对词频的倚重过大，提出用逆词频率的平方来平衡词频所占的比例，得到 TF-IWF，计算公式如式（4.7）所示。

$$\text{weight}(w_i, d_k) = f_{ik} \times \lg\left[\frac{\sum_{j=1}^{M} N(w_j)}{N(w_i)}\right]^2 \tag{4.7}$$

式中，$N(w_{ij})$ 表示词汇 w_i 在文档 d_j 中的频次，M 表示文档集中的总词数。郑诚等（2016）认为在短文本特征识别时文档中词汇出现的次数基本上为 1，难以简单地从词频信息判断词汇的相关程度，对 TF-IWF 进行了改进：用对数函数 log 和开 n 次方取代 f_{ik}，进一步降低词对词频的倚重，公式如式（4.8）所示。

$$\text{weight}(w_i, d_k) = \sqrt[n]{\lg(f_{ik} + 1.0)} \times \lg\left[\frac{\sum_{j=1}^{M} N(w_j)}{N(w_i)}\right]^2 \tag{4.8}$$

主题—词汇矩阵中词汇权重的计算公式如式（4.9）所示。

$$\text{weight}(w_i, t_j) = \sqrt[n]{\lg(ww_{ij} + 1.0)} \times \lg\left[\frac{K}{\sum_{j=1}^{K} ww_{ij}}\right]^2 \tag{4.9}$$

式中，ww_{ij} 表示词汇 w_i 在主题 t_j 中的概率，K 表示主题数。因此，将图 4.5（a）主题—词汇矩阵转化为了加权主题—词汇矩阵，如图 4.6 所示。

在抽取文档特征的过程中，由于文档—主题矩阵中的概率值表示的是文档中内容与各个主题相关的概率大小，不存在主题特征抽取时的高频词的问题。因此，可以将文档—主题矩阵拆分为 D 个文档主题向量（D 表示文档总数），并将主题向量中主题按照概率由大到小排列，选取概率较大的主题作为文档特征，构成 R 维主题特征向量。

	w_1	w_2	...	w_n
t_1	Weight(w_1, t_1)	Weight(w_2, t_1)	...	Weight(w_w, t_1)
t_2	Weight(w_1, t_2)	Weight(w_2, t_2)	...	Weight(w_2, t_n)
...	...	...	...	...
t_k	Weight(w_1, t_k)	Weight(w_2, t_k)	...	Weight(w_n, t_k)

图 4.6 加权主题—词汇矩阵

（3）热点识别

通过主题挖掘和特征抽取，得到了 M 维主题特征向量和 R 维文档特征向量，需要在此基础上进一步识别高血压主题下用户提问的热点。Quora 通过合并相似问题避免出现重复问题；且用户输入问题时，系统会动态联想已有的相似问题。当用户的提问意图与系统提示相似时，用户往往选择终止提问，转而浏览已有的相似问题及其回答。此外，用户可能会关注或回答自己感兴趣的问题；可以认为得到的答案数量大、关注者数量多、浏览量高的问题是主题下用户比较感兴趣的话题，即用户提问的热点。因此，根据用户提问的答案数量 $n_1(i)$、关注者数量 $n_2(i)$、浏览量 $n_3(i)$ 对文档（用户提问）加权，由于三者的数量级各不相同，本书采用最小—最大规范化方法对上述三个分项进行标准化，文档 i 权重的计算方法如式（4.10）所示。

$$\text{weight}(i) = \sum_{j=1}^{3} n_j'(i) = \sum_{j=1}^{3} \frac{n_j(i) - \min_j(i)}{\max_j(i) - \min_j(i)} \quad (4.10)$$

利用上述公式，将图 4.5（b）文档—主题矩阵转化为加权文档—主题矩阵，如图 4.7 所示。然后，将加权文档—主题矩阵拆分为 D 个加权文档主题向量（D 表示文档总数），将每个向量中的主题按权重由大到小排列，选取前 R 个主题作为构成 R 维加权文档主题向量。最后，合并 M 维主题特征向量和 R 维加权文档主题向量，得到加权文档词汇向量，即主题热点。

	t_1	t_2	$\cdots$	t_k
d_1	Weight$(1)wt_{11}$	Weight$(1)wt_{12}$	$\cdots$	Weight$(1)wt_{1k}$
d_2	Weight$(2)wt_{21}$	Weight$(2)wt_{22}$	$\cdots$	Weight$(2)wt_{2k}$
$\cdots$	$\cdots$	$\cdots$	$\cdots$	$\cdots$
d_d	Weight$(d)wt_{d1}$	Weight$(d)wt_{d2}$	$\cdots$	Weight$(d)wt_{dk}$

图 4.7　加权的文档—主题矩阵

4.2.2.3　用户兴趣画像表示

通过用户兴趣特征挖掘主要输出了三个向量：R 维文档主题向量、M 维主题特征向量和加权文档词汇向量。

$$d_i = \{ \text{weight}_{i1} * t_{i1}, \text{weight}_{i2} * t_{i2}, \cdots, \text{weight}_{ir} * t_{ir} \}$$

$$t_j = \{ \text{weight}_{j1} * w_{j1}, \text{weight}_{j2} * w_{j2}, \cdots, \text{weight}_{jm} * w_{jm} \}$$

$$\text{hot\_topic} = \{ \text{weight}_{m1} * w_{m1}, \text{weight}_{m2} * w_{m2}, \cdots \text{weight}_{mz} * w_{mz} \} \quad (4.11)$$

式中，d_i 表示 R 维文档主题向量，$\text{weight}_{ix} = \text{weight}(i) \times wt_{ix}$（$i \in [1, D]$，$r \in [1, R]$）；$t_j$ 表示 M 维主题特征向量，$\text{weight}_{jy} = \text{weight}(w_{jy}, t_j)$（$j \in [1, D]$，$r \in [1, R]$）；hot_topic 表示加权文档词汇向量，$\text{weight}_{mz} = \text{weight}(i) \times \text{weight}_{im} \times \text{weight}_{jz}$（$i \in [1, D]$，$r \in [1, R]$）。

R 维文档主题向量可以为基于主题的用户提问分类提供依据，由于用户提问分类需要通过开发人员实现，因此，R 维文档主题向量将以向量的形式传递给产品开发人员。加权文档词汇向量涵盖了高血压主题下用户兴趣的热点，而用户兴趣热点主要呈现给平台用户，因此，将以标签云的方式显示在高血压主题页面上，帮助用户快速定位主题热点。综上所述，服务于用户提问分类和主题热点识别的用户兴趣画像的标签内容为主题和词汇，标签表示方式为向量和标签云。

4.2.3　结果分析

采用 Python 语言编写程序可以实现主题挖掘与兴趣特征挖掘过程。实验原始数据集为 Quora 平台中高血压主题下 2017 年 6 月 30 日之前的所有用户提问的标题、描述、答案数量、关注数量和浏览数量，合计 2288 条。数据集示例如表 4.3 所示。

表 4.3　用户提问数据集示例

序号	标题	描述	回答数	关注者数	浏览数
1	How do you lower your blood pressure?	null	54	84	33 769
2	What causes high blood pressure（hypertension）?	null	42	89	51 283
3	What should I do to deal with low blood pressure?	I am diagnose with low blood pressure（when going low it is 90/60）and want to know what kind of food should I eat, also what kind of sports I can practice to help me	34	19	12 701
4	What is the best diet for high blood pressure?	null	28	34	13 078
5	How can I control cholesterol?	null	27	54	20 239

合并用户提问的标题和描述，一条问题文本（标题+描述）即为一篇文档，合并所有问题文本，构成初始文档集合。在进行主题挖掘前，对初始文档集合进行数据预处理，预处理前、后的文档示例如表4.4所示。

表 4.4　预处理前、后用户提问示例

序号	形态	内容
例1	初始形态	How do you lower your blood pressure?
	中间形态	lower blood pressure
	最终形态	low blood pressure
例2	初始形态	What causes high blood pressure（hypertension）?
	中间形态	cause high blood pressure hypertension
	最终形态	cause high blood pressure hypertension
例3	初始形态	What is the best natural medicine for high blood pressure?
	中间形态	best natural medicine high blood pressure
	最终形态	good natural medicine high blood pressure

由于 BTM 模型是通过词对共现关系挖掘主题，因而去除数据预处理后长度小于 2 的文档，保留有效文档 2256 个，构成有效文档集合。因此，主题模型训练的语料库为包含 2256 条记录的文档集合。

4.2.3.1 主题挖掘结果

在进行模型运算的过程中，文档—主题分布的超参数 α 一般设定为 $50/k$，主题—词对分布的超参数 β 一般设定为 0.01，迭代次数设定为 1000，其中 k 为目标主题数，首要通过困惑度和主题间语义相似度确定最优目标主题数。

图 4.8 为设定不同主题数时 BTM 模型的困惑度数值变化曲线。从图中可以看出，随着主题数的增加困惑度不断减小，当主题数从 5 增加到 20 时，困惑度的减小速度较快，当主题数大于 20 时，困惑度的减小速度放缓。由此表明，利用 BTM 模型对高血压主题下的用户提问进行主题挖掘时，预设的主题数越多，模型对新文本的主题预测能力越强，且主题数大于 80 以后，尽管模型的预测能力仍然逐渐变强，但变化并不大。

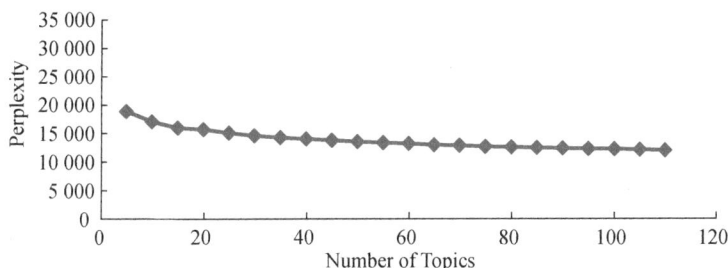

图 4.8　BTM 模型的困惑度数值变化曲线

图 4.9 为设定不同主题数时 BTM 模型主题间平均语义距离变化曲线，主题间平均语义距离即为主题结构稳定性。从图中可以看出，当主题数介于 5 到 70 之间时，主题模型训练所得主题的平均主题间语义距离波动较大，在主题数分别为 5、20、60 的时候出现了谷值，在主题数分别为 15、50、65 时出现了峰值；当主题数大于 70 时，平均主题间语义距离呈现出平稳下降的趋势。由此表明，利用 BTM 模型对高血压主题下的用户提问进行主题挖掘时，当主题数较少时，主题间的平均语义距离的波动性比较大，即主题结构稳定性波动较大；当主题数较大时，主题间平均语义距离呈现稳步下降的趋势，即主题结构稳定性越来越大。

结合 BTM 模型的困惑度和主题稳定性随主题数变化的特点可知，当主题数

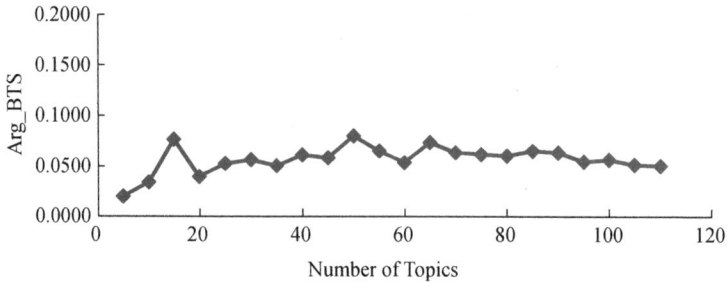

图 4.9　BTM 模型主题间平均语义距离变化曲线

大于 20 以后，困惑度维持较为稳定的状态，观察主题数大于 20 的主题间平均语义距离曲线发现，尽管主题数大于 70 时，曲线呈现出平稳下降的趋势，但数值仍然大于主题数为 20 时的数值，因此主题数为 20 时主题稳定性最高。虽然随着主题数的继续增加，困惑度和主题间平均语义距离仍将继续下降，且主题间平均语义距离可能下降至小于主题数为 20 时的数值，但由于主题挖掘的语料库为高血压相关的用户提问，如若选择更大的主题数做为最优目标主题数，一方面主题数量过多不易于从语义上进行解释和理解，另一方面也会带来更大的计算消耗。因此，本书选取 20 作为实验语料库的最优目标主题数。

4.2.3.2　兴趣特征分析

选定最优目标主题数后，获取 BTM 模型的输出文档：主题—词汇矩阵（20 * 734）和文档—主题矩阵（2255 * 20）。

首先，分别从主题—词汇矩阵和文档—主题矩阵中抽取 M 维主题特征向量（$M = 10$）和 R 维文档特征向量（$R = 5$）。在生成 M 维主题特征向量时，根据下列公式计算词汇权重。

$$\text{weight}(w_i, t_j) = \sqrt[n]{\log_{10}(ww_{ij} + 1.0)} \times \log_{10}\left[\frac{K}{\sum_{j=1}^{K} ww_{ij}}\right]^2 \quad (4.12)$$

实验过程中发现，同时对词频取对数（log 函数的底数为 10）和开次方（$n = 10$）时，词频倚重削减程度过大，最终得到的主题特征向量大多由高逆词频率词构成，这些词的词频往往较低，体现的主题内容过于细致；如果仅对词频取对数（log 函数的底数为 10），词频倚重的削弱程度较为恰当，既在一定程度上减少了高频词（如 "hypertension" "high" "blood" "pressure" 等）在主题特征向量中出现的频次，也保证了用于区分主题内容的高逆词频率词在主题特征向量中占据一定比例。

因此，最终得到的 M 维主题特征向量（$M=10$）示例如表 4.5 所示，所有主题特征向量见附录 A-1 和 A-2；R 维文档特征向量（$R=5$）示例如表 4.6 所示。

表 4.5 主题特征示例

主题号	词汇号	权重	词汇	主题号	词汇号	权重	词汇
0	9	2.81×10^{-2}	Pressure	3	39	6.91×10^{-2}	hypertension
	8	2.77×10^{-2}	blood		50	2.36×10^{-2}	treat
	7	2.26×10^{-2}	high		113	2.16×10^{-2}	pulmonary
	19	8.94×10^{-3}	low		58	1.70×10^{-2}	cause
	37	6.56×10^{-3}	medicine		59	1.50×10^{-2}	patient
	39	6.16×10^{-3}	hypertension		161	1.38×10^{-2}	arterial
	45	5.85×10^{-3}	people		133	1.09×10^{-2}	way
	58	5.73×10^{-3}	cause		49	9.55×10^{-3}	disease
	23	5.42×10^{-3}	reduce		332	9.54×10^{-3}	artery
	95	5.39×10^{-3}	health		675	9.44×10^{-3}	deny
1	39	2.59×10^{-2}	hypertension	16	9	3.15×10^{-2}	pressure
	208	2.05×10^{-2}	problem		86	2.97×10^{-2}	increase
	37	1.85×10^{-2}	medicine		8	2.50×10^{-2}	blood
	243	1.70×10^{-2}	know		129	2.02×10^{-2}	salt
	95	1.57×10^{-2}	health		70	1.64×10^{-2}	water
	231	1.29×10^{-2}	pill		58	1.53×10^{-2}	cause
	172	1.27×10^{-2}	start		7	1.47×10^{-2}	high
	38	1.13×10^{-2}	diabetes		19	1.33×10^{-2}	low
	274	1.07×10^{-2}	age		14	1.17×10^{-2}	bp
	99	1.03×10^{-2}	diagnose		194	9.03×10^{-3}	gas

表 4.6 文档特征示例

文档0		文档1		文档2	
主题号	权重	主题号	权重	主题号	权重
16	6.20×10^{-2}	0	3.03×10^{-2}	0	2.58×10^{-2}
3	6.84×10^{-3}	6	1.01×10^{-2}	5	1.03×10^{-2}

续表

文档0		文档1		文档2	
0	8.45×10^{-4}	17	3.15×10^{-3}	1	5.26×10^{-3}
1	1.44×10^{-4}	1	2.55×10^{-3}	8	3.91×10^{-3}
17	1.05×10^{-4}	13	2.47×10^{-3}	3	3.00×10^{-3}

表 4.6 中显示，相较于其他主题，文档 0 与主题 16、3、0、1、17 相关的概率较大。文档 0 的内容为：*Would it be a bad idea to ask my cardiologist if I can smoke weed? I got a stent for my coarctation of aorta and everywhere I look it says that high blood pressure is the complication from it that kills. Anyways, weed helped me with depression & anxiety. Now I'm afraid because my BP but I'm also afraid my cardiologist will stop doing checkups or something if I ask.* 这位用户提出了关于高血压患者是否可以服用大麻的疑问，从提问内容中可以看出这个提问中包含了与血压控制（主题 0）、高血压治疗（主题 1）、并发症（主题 3）、高血压病理（主题 16）相关的内容。类似的，文档 1（*What are the foods that make blood pressure high as I have low BP?*）中包含了与血压控制（主题 0）相关的内容；文档 2（*Why does the heart muscle weaken if the blood pressure is constantly high?*）包含了与血压控制（主题 0）、并发症（主题 3）相关的内容。

获取 M 维主题特征向量和 R 维文档特征向量后，根据问题的答案数量、关注者数量和浏览量给用户提问赋予不同的权重得到加权 R 维加权文档主题向量；合并 M 维主题特征向量和 R 维加权文档主题向量，得到包含 39 个词汇的加权文档词汇向量（附录 B-1）。

4.2.3.3　用户兴趣画像

服务于用户提问分类和主题热点识别的用户兴趣画像包括两个部分：R 维文档主题向量和加权文档词汇向量。R 维文档主题向量以向量的形式提供给开发人员进行用户提问分类如表 4.6 所示，但具体的分类方式和索引构建、排列和展示方式不在本书中展开。加权文档词汇向量以标签云的方式呈现给平台用户，如图 4.10 所示。从标签云图中可以直观地看出高血压主题下的用户关注的热点有：高血压的病因（cause）、诊断与治疗（diagnose、treat、medicine、pill）、心理影响（anxiety、feel）、相关疾病与并发症（pulmonary、cross leg/knee、diabetes）、日常保健（weight/overweight、daily、walk、age）等。这一结果与获得较多答案和受到较多关注的问题所涉及的内容较为一致（病因与病理、诊断、治疗、控制、保健等）。

图 4.10　高血压主题下的热点标签云

4.3　用户社交画像生成

在以 Quora 为代表的社会化问答平台中，用户互动是建立社交关系的基础，而用户之间相对稳定和健康发展的社交关系是平台正常运转和持续发展的基本保障。因此，对于平台管理和维护人员而言，掌握主题下用户的社交情况，对主题下的用户进行分类管理是基础性工作之一。针对这一管理需要，可以利用主题下用户的社交属性及其对应的用户数据生成面向主题的用户社交画像，通过用户画像描绘主题下用户之间的互动关系和互动模式特征，进而实现主题下用户社交情况监测和用户分类管理。

基于此，本节将以用户社交情况监测和用户分类管理为目的，进行面向高血压主题的用户社交画像（以下简称用户社交画像）生成研究。

4.3.1　问题描述

用户社交情况监测和用户分类管理的实现需要基于用户社交属性及其对应的

用户数据，因此，在生成用户社交画像时将选取用户社交属性类别下的用户属性及其用户数据作为信息来源。用户社交属性包括用户参与方式、用户参与度等。用户参与方式包括问答、关注、评论等。用户参与问答互动时扮演的角色可能是信息需求者、提供者或是审查者；参与关注互动时扮演的角色可能是关注者或被关注者；参与评论互动时扮演的角色可能是评论者或回复者。用户参与程度则体现在用户参与各项互动的次数等。在高血压主题下，用户参与互动的方式主要为问答和关注，问答互动指的是用户回答其他用户的提问或是向其他用户提出问题，关注互动指的是用户关注其他用户或被其他用户关注。为了分析和观察主题下用户之间的互动情况，可以借助社会网络分析方法挖掘用户社交特征。社会网络分析方法在构建社会网络的基础上，利用各项网络刻画指标对社会网络进行分析。在本书中，社会网络的节点表示用户，连边表示用户之间的问答或关注关系。因此，在生成用户社交画像的过程中，可以借助社会网络分析方法挖掘用户社交特征，然后根据用户画像的结果实现用户社交情况监测和用户分类管理。

在用户社交画像生成过程中，需要重点解决的问题包括：①从哪些方面、选取何种指标对用户社会网络进行分析？②采取何种方法从用户社会网络中提取用户社交特征？③如何表示用户社交画像？

4.3.2　研究设计

4.3.2.1　数据获取与预处理

高血压主题下的用户主要包括提问者、回答者、评论者、浏览者和关注者。用户之间主要通过提问—回答和关注实现互动，构架社交关系。同样利用网络爬虫获取主题下用户的社交属性对应的用户数据，主要涉及问题信息、答案信息和关注信息等，用户数据表内容如表 4.7 所示。

表 4.7　用户数据表内容

数据表名称	数据表内容
问题信息	问题编号、标题、提问时间、提问者、用户编号
答案信息	问题编号、答案编号、回答时间、回答者、用户编号
关注信息	关注者、被关注者、用户（关注者）编号、用户（被关注者）编号

出于隐私保护的考虑，Quora 没有直接提供提问者的信息，只能通过侧面信息获取部分问题的提问者信息。因此，获取用户数据的难点在于确定问题提问

者。本书采取了两种获取策略：一是利用邀请回答机制，二是通过反向追踪。

邀请回答机制指的是 Quora 平台会根据问题的主题向用户推荐可能具备相关知识的用户，提问者或浏览者可以通过"邀请"功能向系统推荐的用户发送"邀请回答"的邮件或通知，用户接收到邀请后可以选择接受邀请、提供问题答案或忽略邀请、拒绝回答问题。凡是通过邀请回答机制产生的答案的末尾都会出现"answer requested by USERNAME"的标记，这里的"USERNAME"所指的用户是问题提问者的可能性较大。所以可以利用邀请回答机制，定位可能的提问者。而通过反向追踪是指从用户主页中获取用户提出的所有问题列表，将问题列表与高血压主题问题列表进行全文匹配或关键词匹配，提取与高血压相关的问题，从而确定问题的提问者信息。

根据上述两种获取策略，首先遍历 4.2 节中获取的高血压问题答案列表，抽取所有包含"answer requested by USERNAME"标识的问题及邀请者，得到邀请者列表；然后遍历邀请者主页中的问题列表，通过全文匹配和关键词匹配，定位与高血压相关的问题，最终得到问题的提问者。利用邀请回答机制共获取包含邀请标签的问题 490 个，通过反向追踪机制从邀请者中定位了高血压相关的问题 265 个。汇总上述 265 个问题及其答案对应的所有提问者和回答者，最终获取 689 位用户，以此作为生成用户社交画像的样本用户。

在进行社会网络分析之前，需要对用户数据进行预处理。处理内容主要是数据变换。数据变换指的是将获取的数据转换成适用于挖掘的形式，包括数据规范化和关键内容抽取。例如，网页中时间的表示方式为"Last Asked 5 days ago"或"Last Asked Mar 25，2017"，将第一种时间表示规范为"MM-DD-YYYY"的格式，并从第二种时间表示中抽取年份、月份和日期，也规范为 MM-DD-YYYY"的格式。

4.3.2.2　社交特征挖掘

(1) 网络类型分析

在对高血压主题下的用户社会网络进行分析之前，需要构建用户社会网络。主题下的用户主要通过问答和关注实现互动，可以将用户互动关系表示为三元组的形式［（User1，User2），R］，User1 和 User2 表示主题下的用户，R 表示用户之间的互动关系，可以分为问答关系和关注关系。因此，可以进一步将主题下的用户社会网络分为三个类别：用户问答网络、用户关注网络和主题社交网络。这三种社会网络的差别主要在于连边含义的差异：在用户问答网络中，连边表示用户之间的提问—问答关系；在用户关注网络中，连边表示关注—被关注关系；而主题社交网络是用户问答网络和用户关注网络的综合，连边既可以表示提问—回答关系，也可以表示关注—被关注关系。因此，用户问答网络和用户关注网络为有向同质网络，而主题社交网络为有向异质网络。

明确了主题下社会网络类型，可以从获取的用户数据中提取三元组，用于生成用户社会网络。其中，用户问答网络的三元组可以通过问题信息、答案信息获取；用户关注网络的三元组可以从关注信息中抽取；而主题社交网络的三元组可以在用户问答网络和用户关注网络的基础上进一步融合而成。三种网络的用户互动关系如图 4.11 所示。

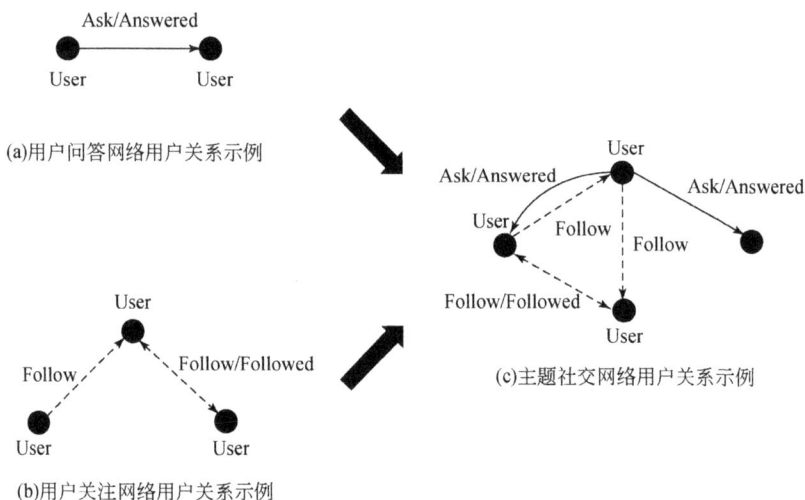

图 4.11　主题社会网络用户关系示意图

从图 4.11 中可以看出，用户问答网络中只存在一种用户关系（连边），即提问—回答关系；用户关注网络中则存在两种用户关系（连边），即单向关注和双向关注；而主题社交网络中则包含 6 种用户关系如表 4.8 所示，其中实线表示用户问答关系，虚线表示用户关注关系。

表 4.8　主题社交网络中的用户关系类型

类型	关系图形	关系说明
1	●——▶●	用户 u_2 回答了用户 u_1 提出的问题
2	●--▶●	用户 u_1 关注了用户 u_2

类型	关系图形	关系说明
3	 ●←--→●	用户 u_1 关注了用户 u_2，且用户 u_2 关注了用户 u_1
4	 ●⌒→●	用户 u_2 回答了用户 u_1 提出的问题，且用户 u_1 关注了用户 u_2
5	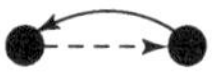 ●←⌒●	用户 u_1 回答了用户 u_2 提出的问题，且用户 u_1 关注了用户 u_2
6	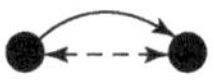 ●⌒←→●	用户 u_2 回答了用户 u_1 提出的问题，且用户 u_1 和用户 u_2 相互关注

由于主题社交网络由用户问答网络和用户关注网络融合而成，且通过社会网络分析可以分别从用户问答网络和用户关注网络中获取用户问答关系和关注的特征，因此，本书将分别生成用户问答网络和用户关注网络，通过用户问答特征挖掘和用户社交特征挖掘共同揭示主题社交网络的特点。下文将用户问答网络和用户关注网络统称为用户网络。

用户网络的用户关系可从用户的提问信息、答案信息和关注信息中提取，提取规则如图 4.12 所示。其中，规则 1 利用了问题信息和回答信息，规则 2 和规则 3 利用了关注数据。通过以上规则获取用户关系之后，借助社会网络分析工具 Gephi 0.9.1 绘制用户网络。

用户关系提取规则：

1）IF user_i asked question_x AND user_j answered question_x, CREATE a directed edge flowing from user_i to user_j;

2）IF user_i followed user_j, CREATE a directed edge flowing from user_i to user_j;

3）IF user_j followed user_i, CREATE a directed edge flowing from user_j to user_i.

图 4.12　主题社会网络用户关系提取规则

（2）网络特征抽取

尽管用户问答网络和用户关注网络的连边类型不尽相同，但它们均属于复杂网络的一种，可以使用相同的指标刻画网络。网络刻画指标包括两个方面：拓扑结构和节点权力。常用的网络指标如表 4.9 所示。因此，生成用户网络后，将围绕生成用户社交画像的意图，根据网络评价指标的表现识别主题社会网络的特征。

表 4.9 常用的网络评价指标

指标类别		指标名称	指标含义
拓扑结构	连通性	连通片	连通片中的所有节点都可以通过路径相连
		孤立点	孤立点没有任何节点与其连接
	稀疏性	平均度	所有节点的度（入度/出度）的平均值
		网络密度	节点之间实际存在的边数与可能存在的边数的比值
	凝聚性	平均路径	任意两点之间最短路径的平均值
		聚集系数	一个节点同它的邻居节点相连的可能性大小
	均匀性	度分布	度数为 k 的节点个数和节点总数的比值
		累积度分布	度数不小于 k 的节点个数和节点总数的比值
节点权力	中心性	点度中心性	与节点直接相连的节点个数
		中介中心性	节点处于其他节点对的最短路径上的程度
		接近中心性	节点到其他节点最短路径的平均长度

在生成用户问答网络和用户关注网络的基础上，可以从网络的宏观、中观和微观特征三个层面对用户网络特征进行揭示。从宏观层面观察用户网络时，将构成网络的所有用户看作一个整体，可以借助网络拓扑结构刻画指标描绘用户问答网络的总体特征，包括连通性、稀疏性、凝聚性、均匀性等。从中观层面观察用户时，主要聚焦网络的子模块，通常包括孤立点、小团体和连通片。从微观层面观察用户网络时，主要将视角投向网络中的单个用户，即单个节点。节点特征主要从节点的权力特征进行考察，包括点度中心性、接近中心性和中介中心性等。

用户网络的宏观、中观特征均为单个描述值，描绘了网络的总体情况。因此，从宏观、中观层面抽取用户网络特征时直接以描述值作为特征值。而用户网络的微观特征则为一系列的数值序列。基于这些数值序列，可以根据数值分布特征将用户划分为不同的类型。

（3）用户类型划分

节点的点度中心性衡量了用户与其他用户互动的程度，根据节点出度/入度划分用户类型时，可以从出度/入度的相对大小和度差两个方面入手。

在用户问答网络中，根据节点出度/入度的大小可以将用户划分为四种类型，如表 4.10 所示。

表 4.10 用户问答类型矩阵

	出度大	出度小
入度大	学习成长型用户	乐于助人型用户
入度小	善于思考型用户	默默学习型用户

当节点的出度/入度相对较大时，说明该用户既保持较高的提问量也保持较高的回答量，属于学习成长型用户；当节点的出度相对较大、入度相对较小时，说明该用户对该主题抱有极大的兴趣，属于善于思考型用户；当节点的出度相对较小、入度相对较大时，说明该用户对该主题的知识具有一定的储备，属于乐于助人型用户；当节点的出度/入度均处于出度/入度分布的头部时，说明该用户该主题下参与的问答活动较少，属于默默学习型用户。

根据节点度差可以将节点划分为两种类型：①如果节点度差为正，表示用户的提问次数多于回答次数，说明该用户更乐于提出问题；②如果节点度差为负，表示用户的提问次数少于回答次数，说明该用户更乐于回答问题。

在用户关注网络中，根据节点出度/入度的大小可以将节点划分为四种类型，如表 4.11 所示。当节点的出度/入度相对较大时，说明该用户既保持较高的关注量也保持较高的被关注量，属于社交达人型用户；当节点的出度相对较小、入度相对较大时，说明该用户在该主题中获得了较高的关注度但较少关注他人，属于社交被动型用户；当节点的出度相对较大、入度相对较小时，说明该用户倾向于与主动寻找该主题的相关用户，属于社交主动型用户；当节点的出度/入度均处于出度/入度分布的头部时，说明该用户该主题下参与的问答活动较少，属于社交懒惰型用户。根据节点度差可以将节点划分为两种类型：①如果节点度差为正，表示用户的关注用户数量多于被关注数量，说明该用户更乐于关注其他用户；②如果节点度差为负，表示用户的关注用户数量少于被关注数量，说明该用户更容易受到关注。

表 4.11 用户关注类型矩阵

	出度大	出度小
入度大	社交达人型用户	社交被动型用户
入度小	社交主动型用户	社交懒惰型用户

此外，还可以根据节点的中介中心性划分用户类型。节点的中介中心性表示节点位于其他节点对的最短路径上的程度，中介中心性高的节点往往连接多个凝聚子群，是知识交流网络和人际关系网络中关键人物。

　　基于节点特征值进行分用户划分的关键在于"分界线"的选择。离散型随机变量的分布类型包括二项分布、泊松分布等。连续型随机变量的分布类型包括正态分布、指数分布和幂律分布等。离散型随机变量和连续型随机变量可以在一定基础上进行转化，因此离散型随机变量也可能符合连续型随机变量的分布特征。尽管有研究发现，以电影演员合作网络、万维网、电力网和科学引文网等为代表的大型真实网络的出度、入度均服从幂律分布，并将这类网络成为无标度演化模型，即 BA 模型，也将符合网络节点的连接度无明显特征长度，即节点度分布符合幂律分布的网络称为无标度网络（Barabási and Albert，1999；Albert et al.，1999）。但由于本书仅选取高血压主题下的用户作为用户社交画像生成的对象，与前人研究中的大型网络在数量级上存在较大差距，用户问答网络与用户关注网络的度分布符合何种分布需在实验基础上作进一步判断，然后根据分布的特点寻找"分界线"。

　　特征值与目标分布的拟合程度可以通过观察法和定量分析法进行判定。观察法通过观察特征值分布曲线与目标分布曲线的重叠程度进行判断；定量分析法通过 Kolmogorov–Smirnov 拟合优度检验（简称 K–S 检验）判定特征值分布与目标分布之间是否有显著差异，即假设特征分布符合目标分布（H_0），如果设定显著性水平为 0.1，当 $p>0.1$（单侧检验）或 $p>0.05$（双侧检验）时，无法拒绝原假设，则特征值分布符合目标分布。

　　在对特征值进行幂律分布检验之前，需要进行如下模型估计过程（Clauset et al.，2012）：

　　1）模型假设：将特征值设为离散/连续变量 x，假设 x 的频率符合幂律分布：

$$p(x) = Pr(X=x) = C\,x^{-\alpha} \tag{4.13}$$

式中，$\alpha>1$，C 为归一化常数。由于 $x\to0$ 时，$p(x)$ 发散，故存在 $x_{min}>0$；使 $X>x_{min}$ 时，x 才能符合幂律分布。因而，上式等价于：

$$p(x) = \frac{x^{-\alpha}}{\zeta(\alpha,x_{min})}, \quad \zeta(\alpha,x_{min}) = \sum_{n=0}^{\infty}(n+x_{min})^{-\alpha} \tag{4.14}$$

式中，$\zeta(\alpha,x_{min})$ 为赫尔维茨 Zeta 函数。当 x 为离散变量时，一般情况下，$x_{min}=1$ 即符合幂律分布假设。

　　2）模型参数估计：使用最大似然法估计模型中的参数 α。

　　尽管特征值可能为离散变量，而离散变量分布对应的参数无法直接使用最大似然法进行估计，但对于符合幂律分布的整数序列，其频率值可以近似地等同于连续变量取整时对应的频率值，因此，离散变量分布对应的参数 α 的估计方式如式（4.15）所示。

$$\alpha \simeq 1 + n \left[\sum_{i=1}^{n} \ln \frac{x_i}{x_{\min} - \frac{1}{2}} \right] \tag{4.15}$$

此外，由于特征值的真实概率分布未知，根据统计学原理，以特征值的频率表示真实概率，即 $f(x = x_i) = n/N$，其中 n 表示特征值为 x_i 的节点数量，N 表示特征值为非零的节点总数。

当数值分布呈（近似）正态分布时，参考（近似）正态分布曲线的 3σ 原则寻找数值分布的"分界线"。3σ 原则为：横轴区间（$\mu - \sigma$，$\mu + \sigma$）内的面积为 68.26%，横轴区间（$\mu - 1.96\sigma$，$\mu + 1.96\sigma$）内的面积为 95.45%，横轴区间（$\mu - 2.58\sigma$，$\mu + 2.58\sigma$）内的面积为 99.73%。因此，选取 $x_1 = \mu \pm 1.96\sigma$ 或 $x_2 = \mu \pm 2.58\sigma$ 作为"分界线"。而当数值分布呈（近似）幂律分布时，获取数值分布的累计概率函数。基于"二八法则"寻找数值分布的"分界线"：当 $F(x \leq x_0) < 0.8$ 时，选取 x_0 作为"分界线"。

4.3.2.3 用户社交画像表示

通过基于社会网络分析的社交特征挖掘，得到了用户问答网络和用户关注网络的宏观拓扑结构特征、中观子群构成特征和微观节点权力特征，可以将以上特征汇总得到高血压主题的用户社交画像，如图 4.13 所示。其中，网络拓扑结构和子群构成特征是对用户网络的概括性描述，标签的内容为短语或短句；网络节点权力特征主要用于划分用户类型，标签的内容为用户类型。又由于用户社交画像的使用者可能为服务设计者与决策者，标签的表示方式为图片和分布图。

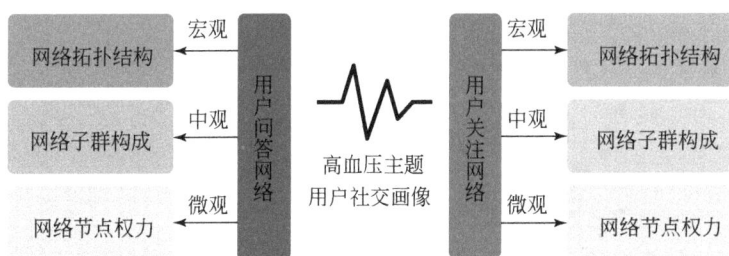

图 4.13　高血压主题用户社交画像组成

4.3.3 结果分析

4.3.3.1 用户网络绘制

利用邀请回答机制和反向追踪共定位 265 条用户提问及相应的答案 1027 条，从统计数据可以看出有的用户提出了多个高血压相关的问题，也有用户回答了多个高血压相关的问题，并且有用户同时扮演提问者和回答者的角色，体现了用户角色多样性。汇总参与上述问答活动的用户，共得到用户 689 位，选取这些用户作为绘制用户问答网络和用户关注网络的目标用户。从提问数据和回答数据中抽取目标用户之间的提问关系，共得到问答关系 850 对；从关注数据中抽取用户之间的关注关系，共得到关注关系 277 对。然后，分别将节点数据及其问答关系数据或关注关系数据导入网络绘制软件 Gephi，得到高血压主题下的用户问答网络和用户关注网络，分别如图 4.14 和图 4.15 所示。

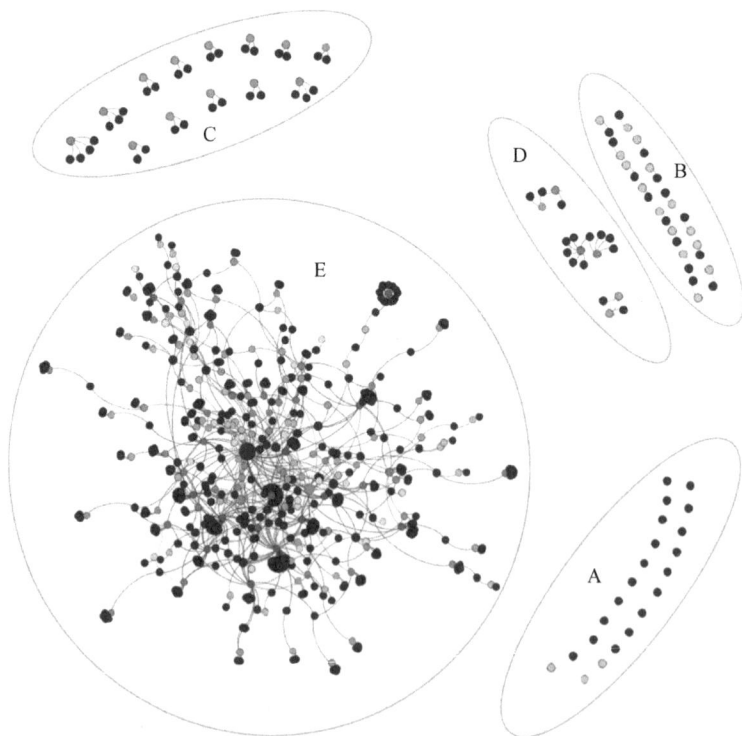

图 4.14　高血压主题用户问答网络图

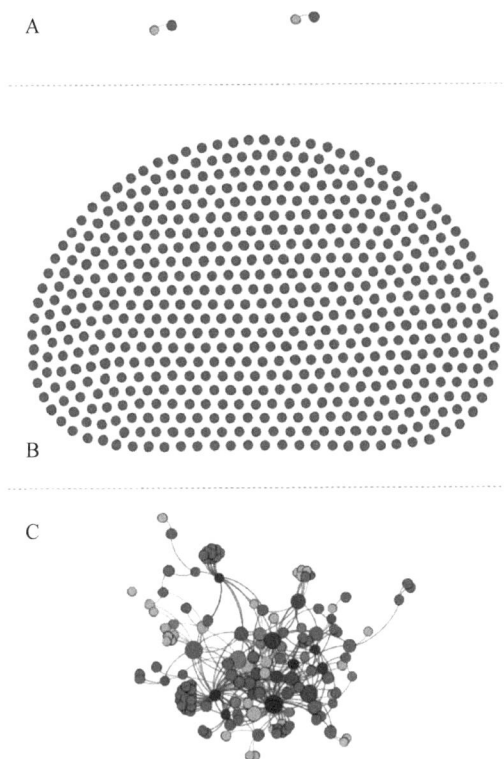

图 4.15　高血压主题用户关注网络图

　　在用户问答网络图中（图 4.14），节点表示用户，节点之间的有向连边表示提问—回答关系，连边从提问者指向回答者。节点颜色用于区分节点出度的差异，绿色系节点表示出度相对较大的用户，且颜色越深，出度越大；红色系节点表示出度相对较小的用户，且颜色越深，出度越小；节点大小用于区分节点入度的差异，节点越大，入度越大，反之，入度越小。因此，深绿色节点表示提出问题较多的用户，直径大的节点表示回答问题较多的用户。此外，从图中可以发现，直径较大的节点大多为红色系，说明回答较多问题的用户大多较少提出问题，而深绿色的节点大多直径较小，说明提出较多问题的用户大多较少回答问题。这一现象与我们的常识相符：在高血压主题下提出问题的用户往往是缺乏相关知识的患者或患者家属，这类用户往往难以回答其他用户关于高血压的问题；而能够回答一定数量问题的用户大多具备该领域较为充足的知识，极有可能为相关行业从业人员或是"久病成医"的患者或患者家属，这类用户由于有一定的知识储备，关于高血压的疑问自然相对较少。

在用户关注网络图中（图 4.15），节点表示用户，节点之间的有向连边表示关注—被关注关系，连边从关注者指向被关注者。同样的，通过节点颜色区分节点出度的差异，紫色系节点表示出度相对较大的用户，且颜色越深，出度越大；橙色系节点表示出度相对较小的用户，且颜色越深，出度越小；通过节点大小区分节点入度的差异，节点越大，入度越大，反之，入度越小。因此，深紫色节点表示关注了较多用户的用户，直径大的节点表示受到其他用户关注较多的用户。有别于用户问答网络，从图中可以发现，直径大的节点大多为紫色系，仅有少数为橙色系，由此可以说明，较多关注其他用户的用户相应地获得较多其他用户的关注，形成了用户聚集效应，即"马太效应"。

4.3.3.2 社交特征分析

下面分别从宏观、中观和微观层面对用户网络（用户问答网络和用户关注网络）特征作进一步分析。

（1）网络的宏观特征

用户问答网络和用户关注网络的宏观特征如表 4.12 所示。首先，用户问答网络包含 689 个节点和 850 对问答关系，而这些用户中只产生了 277 对关注关系；用户问答网络和用户关注网络的网络直径分别为 3 和 10，表明网络中任意两个节点间距离的最大值分别为 3 和 10，说明用户网络中的任意两个用户如果想进行知识交流，最多只需经过 2 个用户就可以完成知识传递，而任意两个用户如果想搭建直接的关注关系，可能需要经过 10 个用户才能完成关注关系构建。由此可以看出，在高血压主题下，相较于通过关注的方式，用户更倾向于通过问答的方式建立关联，说明在社会化问答平台中，相较于结交朋友，知识交流仍是主要功能。

表 4.12 用户网络的结构特征

指标类别		指标名称	用户问答网络	用户关注网络
网络概况		网络类型	有向	有向
		节点数	689	689
		连边数	850	277
		网络直径	3	10
拓扑结构	连通性	连通片（个）	54	547
		孤立点（个）	22（3.19%）	544（78.95%）

指标类别		指标名称	用户问答网络	用户关注网络
拓扑结构	稀疏性	平均度	2.467	0.804
		网络密度	0.002	0.001
	凝聚性	平均距离	1.298	4.469
		聚集系数	0.008	0.014
	均匀性	出度分布	$C=12.22, \alpha=2.60$	$C=0.54, \alpha=1.83$
		入度分布	$C=0.75, \alpha=2.53$	$C=0.67, \alpha=1.99$

其次，用户问答网络中包含了49个连通片和19个孤立点，其中孤立点表示尚未与其他用户产生知识交流的用户。用户关注网络中包含了547个连通片和544个孤立点，其中孤立点表示尚未与其他用户产生关注关系的用户。由此可以发现，用户问答网络的连通性高于用户关注网络。

此外，用户问答网络的平均度与网络密度（2.467、0.002）均明显大于用户关注网络（0.804、0.001），而用户网络的平均距离和聚类系数（1.298、0.008）则明显小于用户关注网络（4.469、0.014）。由此说明，用户问答网络的稀疏性小于用户关注网络，而凝聚性大于用户关注网络。

与此同时，可以发现尽管实验所生成的高血压主题用户问答网络和关注网络在网络规模上远远小于电影演员合作网络、万维网、电力网和科学引文网等大型真实网络，但这两个用户网络的度分布仍然符合幂律分布。

（2）网络的中观特征

网络的中观特征主要指网络的子群特征，从图4.14可以观察到，用户问答网络形成了1个大型连通片（区域E）、若干中小型连通片（区域B~D）及孤立点（区域A）。其中，区域A中的用户是独立的个体（孤立点），包括两类：红色孤立点出度为0，表示用户提出的问题尚未得到其他用户的回应；绿色孤立点出度为1，形成了一个自环，表示用户自己回答了自己提出的问题。区域B、C、D均由多个小连通片组成。其中，区域B中的小团体形成了一对一的问答关系，即用户通过一个问题和另一位用户建立了问答关系；区域C中的小团体形成了一对多的问答关系，即用户通过一个问题和多位其他用户建立的问答关系；而区域D中的小团体形成了多对多的问答关系，即有两位以上的用户出度大于等于2。区域E为用户问答网络中最大的连通片。

将区域E放大后进行模块划分，用户问答网络的大型连通片中包含了18个子模块，如图4.16所示。子模块构成示意图如图4.17的（a）~（f）所示。子模块0~4依次由鲜红色、青绿色、浅紫色、枚红色和橘黄色表示；而子模块5~17用浅灰色表示。子模块0~4包含的节点数量逐渐减少，子模块5~17的节点数量均少于子模块4。从图4.17中可以发现，上级模块往往通过少量的关键节点与下级子模块相连。例如，子模块0通过节点N_{01}和N_{02}与子模块1相连，而子模块2通过节点N_{03}、N_{04}和N_{05}与上级子模块0相连，并通过节点N_{011}和N_{012}与上级子模块1相连。由此可见，这些连接各级子模块的关键节点用户在促进知识交流的过程中扮演着至关重要的角色。

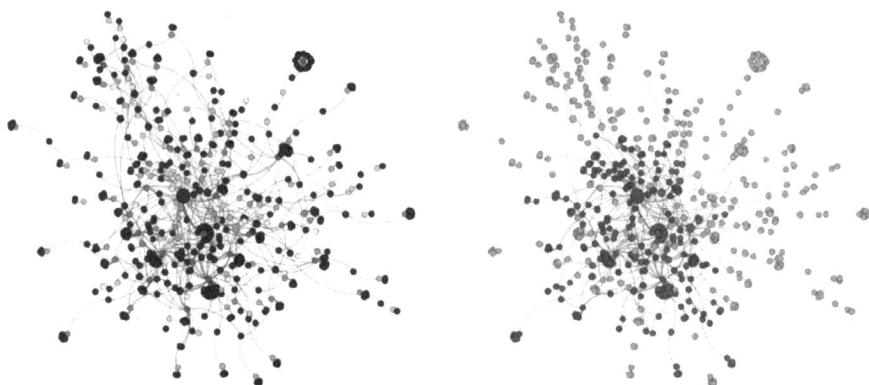

图4.16　用户问答网络中的大型连通片

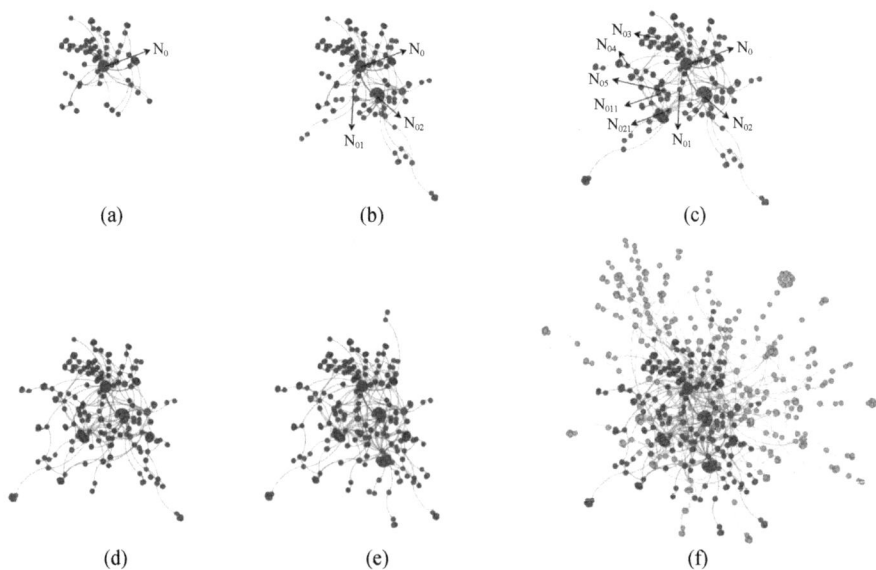

图4.17　用户问答网络大型连通片子模块构成示意图

类似的，从图 4.15 可以观察到，用户关注网络也形成了 1 个大型连通片（区域 C）、两个小型连通片（区域 A）及若干孤立点（区域 B）。有别于用户问答网络，用户关注网络中只包含了一种颜色的孤立点，原因在于用户关注网络中无法形成自环，即用户无法关注自己。此外，用户关注网络的区域 A 中只形成了 2 个一对一关注关系的小团体。

过滤出用户关注网络中最大的连通片进行模块划分，如图 4.18 所示。用户关注网络的大型连通片中包含了 9 个子模块，子模块 0 ~ 3 依次用蓝紫色、橘黄色、草绿色和玫红色表示，子模块 4 ~ 8 用浅灰色表示。子模块构成示意图如图 4.19 所示，同样的，上级模块通过少量的关键节点与下级子模块相连，形成整个连通片。

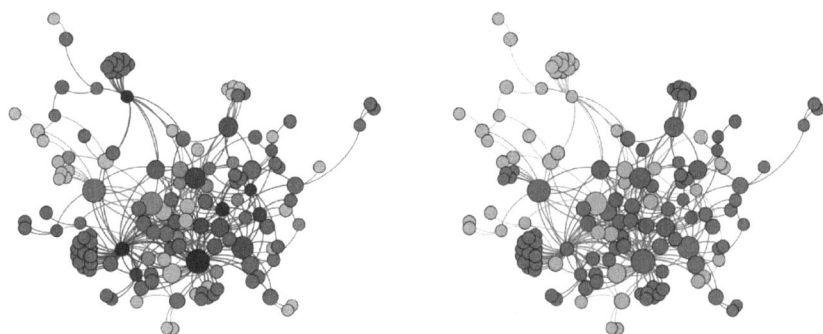

图 4.18　用户关注网络中的大型连通片

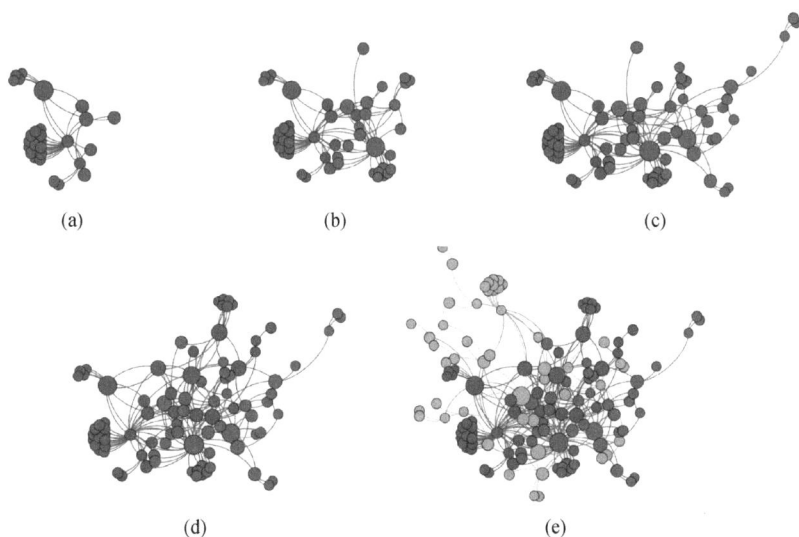

(a)　　　　　　　　　　(b)　　　　　　　　　　(c)

(d)　　　　　　　　　　(e)

图 4.19　用户关注网络大型连通片子模块构成示意图

　　用户网络的子群概况和子群结构网络特征总结如表 4.13 所示。从表中可以看出，用户问答网络包含的连通片相较于用户问答网络，数量更多、类型更丰富且连通片规模更大，而用户关注网络中孤立点所占的比例远远大于用户问答网络。由此可以看出，用户之间问答互动的频率和方式高（多）于关注互动，且问答互动的覆盖率和延展性优于关注互动。此外，聚焦两个网络中唯一的大型连通片，用户问答网络最大子群的稀疏性低于用户关注网络、聚集性高于用户关注网络。同样表明，相较于通过关注的方式进行单向或双向联系，高血压主题下的用户更加倾向通过知识交流、共享的方式构建联系。

表 4.13　用户网络的子群特征

类别	指标名称		用户问答网络	用户关注网络
子群构成	大型连通片个数（节点数）		1（574）	1（141）
	中型连通片个数（节点数）		16（63）	0（0）
	小型连通片个数（节点数）		15（30）	2（4）
	非自环/自环个数（节点数）		3/19（22）	544/0（544）
	子群个数（节点数）		54（689）	547（689）
子群特征	子群规模	节点数（占比）	574（83.30%）	141（20.46%）
		连边数（占比）	782（92.00%）	275（99.27%）
		子模块数量	18	9
	稀疏性	平均度	2.725	3.901
		网络密度	0.02	0.014
	聚集性	平均距离	1.315	4.471
		聚集系数	0.008	0.066

(3) 网络的微观特征

　　从微观层面对用户进行网络分析主要聚焦节点权力特征。其中，点度中心性表征节点与其他节点的连接状态。在网络中，由于用户网络均为有向网络，因此节点的结构特征可以由节点的出度和入度进行度量。对用户问答网络和用户关注网络的出度、入度序列进行分布拟合和检验，实验结果如图 4.20 和图 4.21 所示。

　　从图中可以直观地看出，用户问答网络和用户关注网络的出度、入度分布曲线均呈现"长尾"特征，与幂律分布曲线能够较好地拟合。通过 K-S 拟合优度检验方法做进一步检验（双侧检验），设定如下假设：

　　H_1：用户问答网络的出度分布符合幂律分布；

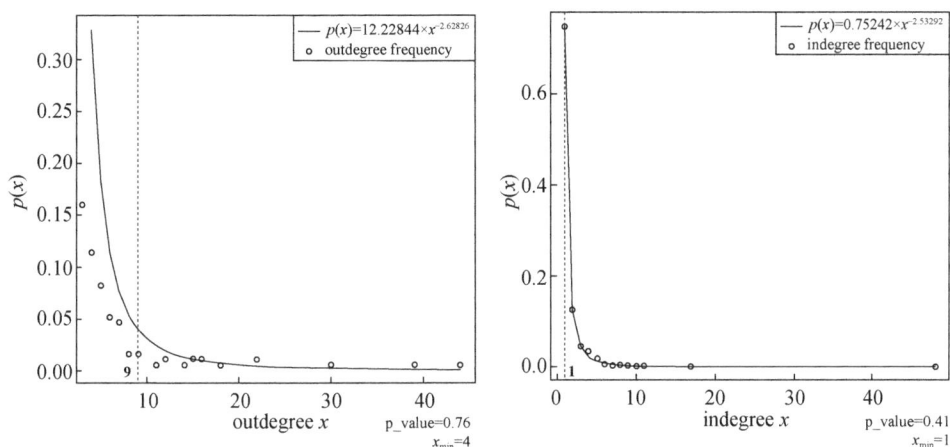

图 4.20　用户问答网络出、入度分布曲线

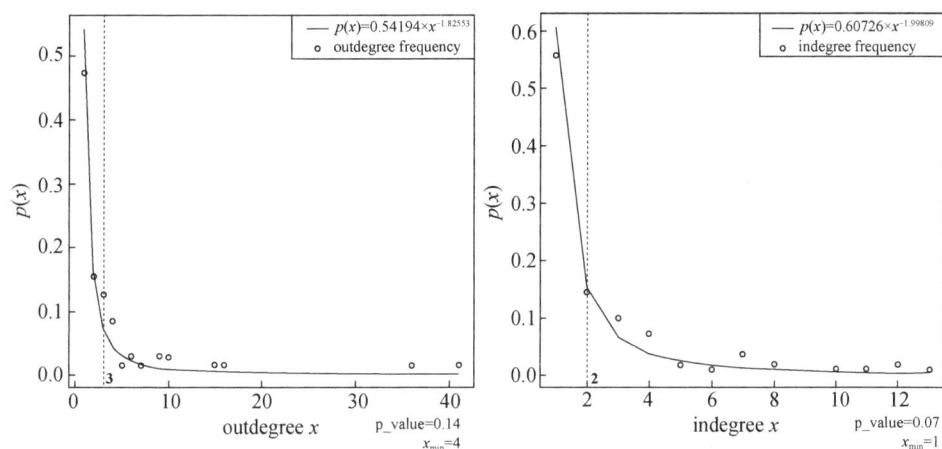

图 4.21　用户关注网络出、入度分布曲线

H_2：用户问答网络的入度分布符合幂律分布；

H_3：用户关注网络的出度分布符合幂律分布；

H_4：用户关注网络的入度分布符合幂律分布。

设定显著性水平为 0.1，K-S 检验结果显示 $p_1 = 0.76 > 0.05$、$p_2 = 0.41 > 0.05$、$p_3 = 0.14 > 0.05$、$p_4 = 0.07 > 0.05$，无法拒绝假设 $H_1 \sim H_4$，说明用户问答网络和用户关注网络的出、入度分布均符合幂律分布。

基于上述结论，获取用户网络出度、入度分布的累计概率函数，基于"二八法则"寻找数值分布的"分界线"。分界线以左为长尾的"头部"；分界线以右为长尾的"尾部"。计算结果如图 4.22、图 4.23 所示。

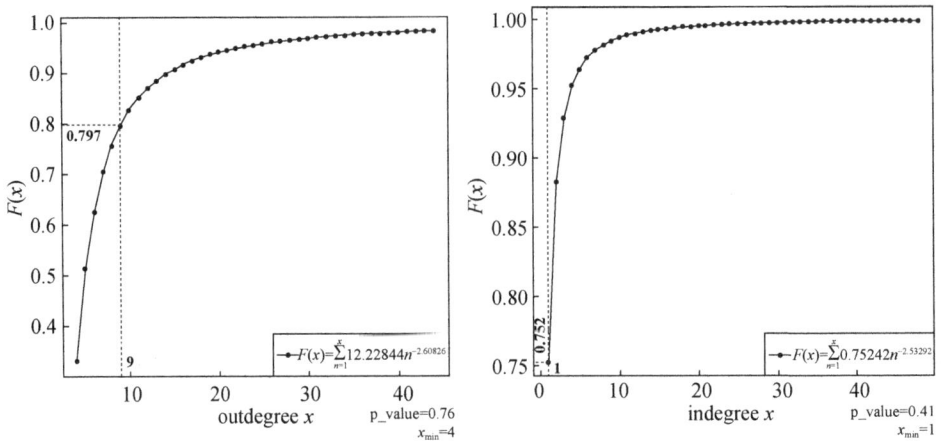

图 4.22　用户问答网络出、入度累积分布曲线

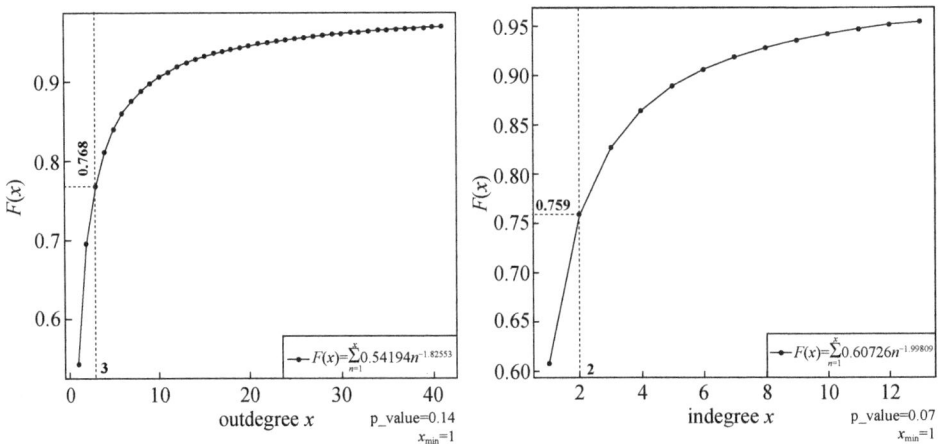

图 4.23　用户关注网络出、入度累积分布曲线

　　因此，当网络节点出度、入度分布符合幂律分布时，可以根据节点出度、入度的分布特征将用户划分为 10 种类型，每种类型对应的用户数量如表 4.14 所示。在用户问答网络中，占比最大的为偏好不定型用户（88.83%），占比最小的为学习成长型用户（0.29%）；在用户关注网络中，占比最大的也为偏好不定型用户（94.48%），占比最小的为社交主动型用户（0.73%）。从分类结果可以看出，基于度分布特征的用户分类方法可以揭示用户的社交行为特征，实现用户细分。

表4.14　用户网络用户类型分布（度分布）

	用户类型	判断标准	数量	比例（%）
用户问答网络	学习成长型	in-degree>1 且 out-degree>9	2	0.29
	乐于助人型	in-degree>1 且 4≤out-degree≤9	4	0.58
	善于思考型	in-degree=1 且 out-degree>9	12	1.74
	默默学习型	in-degree=1 且 4≤out-degree≤9	59	8.56
	偏好不定型	in-degree<1 或 out-degree<4	612	88.83
用户关注网络	社交达人型	out-degree>3 且 in-degree>2	9	1.31
	社交被动型	1≤out-degree≤3 且 in-degree>2	10	1.45
	社交主动型	out-degree>3 且 1≤in-degree≤2	5	0.73
	社交懒惰型	1≤out-degree≤3 且 1≤in-degree≤2	14	2.03
	偏好不定型	out-degree<1 或 in-degree<1	651	94.48

中介中心性表示节点处于其他节点对的最短路径上的程度，体现了节点的权力特征。中介节点指的就是子群中连接各级子模块的关键节点。因此，可以通过节点的中介中心性特征分析识别子群中的关键节点。类似的，对节点的中介中心性进行分布拟合与检验，实验结果如图4.24所示。

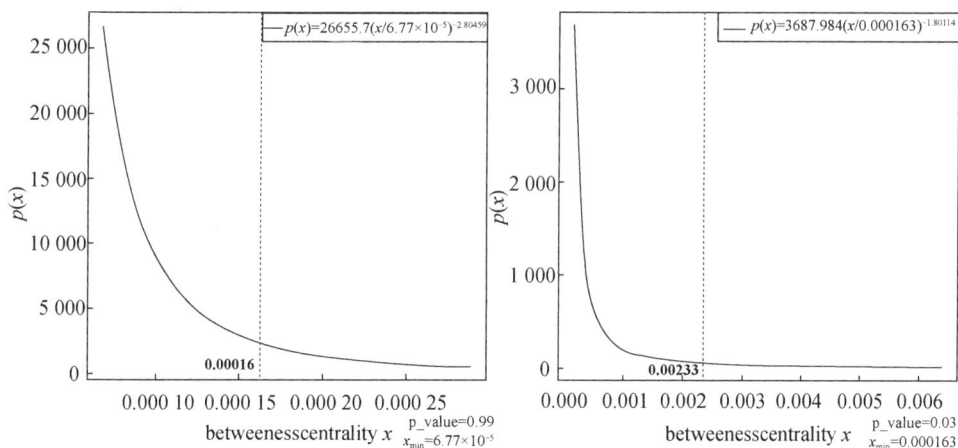

图4.24　用户问答、关注网络节点中介中心性分布曲线

由于节点的中介中心性为连续变量，难以直接从分布曲线的形状判断其是否符合幂律分布，因此，通过 K-S 拟合优度检验方法做进一步检验（双侧检验），设定如下假设：

H_5：用户问答网络的节点中介中心性分布符合幂律分布；

H_6：用户关注网络的节点中介中心性分布符合幂律分布。

设定显著性水平为 0.1，K-S 检验结果显示 $p_1 = 0.99 > 0.05$，无法拒绝原假设 H_5，说明用户问答网络的节点中介中心性分布均符合幂律分布；而 $p_2 = 0.03 < 0.05$，拒绝原假设 H_6，说明用户关注网络的节点中介中心性分布均不符合幂律分布，进步通过 K-S 检验表明，用户关注网络的节点中介中心性分布也不符合正态分布（$p = 0.00 < 0.05$）或泊松分布（$p = 0.00 < 0.05$）。

基于上述结论，获取用户问答网络节点中介中心性分布的累计概率函数，基于"二八法则"寻找数值分布的"分界线"，计算结果如图 4.25 所示。但用户关注网络节点中介中心性的分布无明显特征，针对这种情况的"分界线"设定方法需要作进一步的研究，本书暂且使用累计分布所得的"分界线"划分用户。

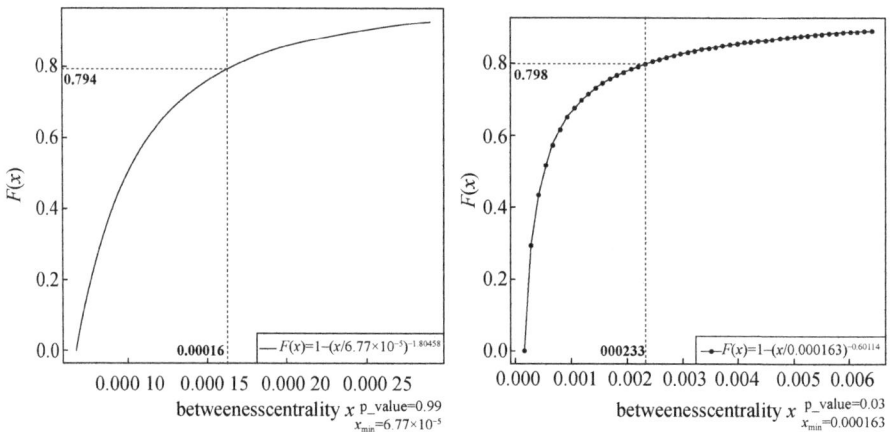

图 4.25　用户问答网络、关注网络节点中介中心性累积分布曲线

根据网络节点的中介中心性，可以从用户中识别出知识交流或建立社交关系的关键用户或重要用户。从表 4.15 可以看出，在用户问答网络中，在知识传播过程中的关键用户仅 1 位，重要用户 4 位，在整个用户网络中所占的比例较小，仅 0.73%，而其余均为普通用户关。在用户关注网络中，在知识传播过程中的关键用户仅 6 位，重要用户 16 位，其余均为普通用户。

表 4.15　用户网络用户类型分布（中心性）

用户类型		判断标准	数量	比例（%）
用户 问答 网络	关键用户	centrality$>1.66 \times 10^{-4}$	1	0.15
	重要用户	$6.77 \times 10^{-5} \leqslant$ centrality $\leqslant 1.66 \times 10^{-4}$	4	0.58
	普通用户	centrality$<6.77 \times 10^{-5}$	684	99.27

用户类型		判断标准	数量	比例（%）
用户 社交 网络	关键用户	centrality>2.3×10^{-3}	6	0.87
	重要用户	1.6×10^{-4}≤centrality≤2.3×10^{-3}	16	2.32
	普通用户	centrality<1.6×10^{-4}	667	96.81

4.3.3.3 用户社交画像

在对用户社交行为特征进行分析的基础上，进一步将社会化问答平台的用户社交概况和社交联系表示为标签和短语的形式，将社交类型表示为标签和分布图的形式，如图 4.26 所示。

整体而言，高血压主题下的用户更加倾向于通过问答方式建立联系，但无论是通过问答还是关注方式建立联系，形成的社交网络的聚集性都相对较小。并且，无论是在用户问答网络还是关注网络中，偏好不定型用户和普通用户占比均为最大。具体地看，在用户问答网络中，按用户占比由高到低依次为偏好不定型、默默学习型、善于思考型、乐于助人型和学习成长型；在用户关注网络中，按用户占比由高到低依次为偏好不定型、社交懒惰型、社交被动型、社交达人型和社交主动型；但在关键用户和重要用户数量上，用户关注网络明显多于用户问答网络。

面向高血压主题的用户社交画像直观明了地揭示了高血压主题下用户群体的社交网络结构和社交类型的特征，有助于平台管理人员掌握该主题下的用户社交和用户类型，为用户分类管理和个性化服务提供决策依据。当下，高血压主题下的用户问答网络和关注网络中普通用户占比最高，关键用户和重要用户数量有限，使得用户关注网络、问答网络过度依赖于某几个少数用户，网络稳定性较低。因而，平台管理人员可以采取一定措施改善用户社交联系，提升网络连通性和聚集性。对于关键用户和重要用户可以采取一定的保护措施，向他们推送优质的相关问答，形成良性循环，提高用户黏性。对于普通用户施加一定激励和引导措施，促使普通用户转化为关键用户或重要用户，提高社区中在信息交流过程中发挥重要作用的关键用户数量，丰富平台高质量的知识资源，进而形成稳定化、多样化的平台发展。与此同时，对于有明确问答或关注偏好的用户可以提供有针对性的个性化服务。例如，邀请学习成长型和乐于助人型用户回答问题；向学习成长型和善于思考型用户推荐可能感兴趣的问答，刺激用户产出更多专业优质的问答内容；或是将学习成长型和乐于助人型用户推荐给社交主动型和社交达人型

1个连通巨片

30个其他连通片

22个孤立点

3次问答互动获取知识

平均参与2.46次问答

聚集性小

用户概况
(拓扑结构)

用户联系
(子群构成)

用户类型
(节点权力)

用户问答网络

(a) 用户问答画像

■ 学习成长型
■ 乐于助人型
■ 善于思考型
□ 默默学习型
■ 偏好不定型

1位关键用户

4位重要用户

99.27%普通用户

1个连通巨片

3个其他连通片

544个孤立点

10次关注互动建立联系

平均拥有0.8次关注

聚集性小

用户概况
(拓扑结构)

用户联系
(子群构成)

用户类型
(节点权力)

用户关注网络

(b) 用户关注画像

■ 社交达人型
■ 社交被动型
■ 社交主动型
□ 社交懒惰型
■ 偏好不定型

6位关键用户

16位重要用户

94.92%普通用户

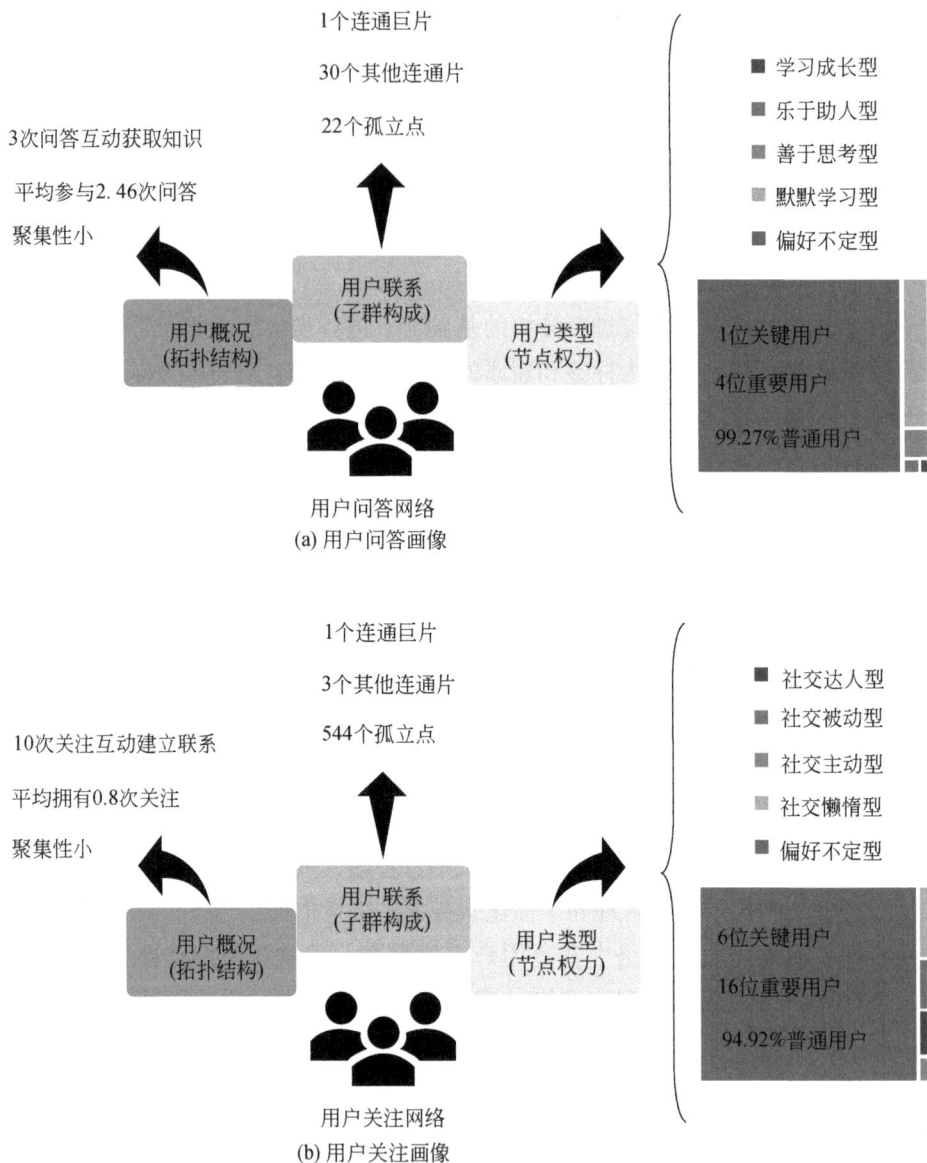

图4.26　高血压主题下的用户社交画像

用户，使学习成长型和乐于助人型用户获取更高的关注度，提高用户社交广度和深度，提升用户使用体验。而对于占比较大的偏好不定型用户，除推荐高血压主题的优质问答之外，也可以推荐其他热门主题的优质问答，丰富用户浏览内容，激发用户兴趣。

4.4　本章小结

本章首先阐述了面向主题进行社会化问答平台用户画像生成实证研究的原因，并明确了面向主题的社会化问答平台用户画像生成流程与社会化问答平台用户画像生成流程一致，均包括应用需求分析、用户属性选择、属性特征挖掘与用户画像表示四个步骤。随后，分别聚焦主题下两个重要的用户管理问题进行面向主题的用户兴趣画像和用户社交画像生成实证研究。

第一个管理问题是用户问题分类和主题热点识别。围绕这一问题，首先选择了兴趣属性类别下的用户显性兴趣对应的用户数据作为用户兴趣画像的数据来源。然后，利用 BTM 主题挖掘的方法挖掘用户兴趣特征，在进行主题挖掘的过程中，结合模型训练结果在困惑度和主题结构稳定性上的表现和经验，选定了最优目标主题数（K=20）。在主题挖掘输出结果的基础上，通过基于 TF-IWF 和基于频率的加权方法抽取主题特征向量、文档特征向量和加权文档词汇向量。最后，以向量的形式表示文档特征向量，以此为用户提问分类的依据，以标签云图的方式表示主题热点，帮助用户快速定位高血压主题下的讨论热点。

第二个管理问题是用户社交监测和用户类型划分。围绕这一问题，首先选取了社交属性类别下的参与方式和参与程度对应的用户数据作为用户社交画像的数据来源。然后，利用社会网络分析方法挖掘用户社交特征，在进行特征挖掘之前分别绘制了用户问答网络和用户关注网络。在此基础上，分别从宏观、中观和微观层面对用户网络（用户问答网络和用户关注网络）的拓扑结构特征、子群构成特征和节点权力特征进行分析。在对网络拓扑结构特征进行分析时，主要利用了刻画网络连通性、稀疏性、凝聚性和均匀性的指标；在对子群构成特征进行分析时，主要结合了统计分析和可视化的方法；在对节点权力特征进行分析时，在对节点的点度中心度和中介中心性分布进行检验的前提下，根据每个节点在不同指标上的表现划分用户类型。最后，将分别将用户问答网络的宏观、中观特征表示为短语的形式，帮助管理人员进行主题社交情况监测；将微观特征表示为分布的形式，以此作为用户类别划分的依据。

5 | 面向主题的用户画像更新

在第 4 章中围绕用户提问分类和主题特点识别生成了面向主题的用户兴趣画像，围绕社交情况监测和用户类别划分生成了面向主题的用户社交画像。但由于用户兴趣和用户社交情况具有动态性，为了保证用户画像的有效性，需要适时地对用户画像进行更新。

5.1 用户画像更新策略

由于用户具有背景、需求、角色、行为多样性和动态性，在利用用户画像的过程中，也需将时间因素考虑在内，对用户画像进行更新。用户画像更新主要涉及三个方面的问题：一是如何获取实时变化的用户数据？二是如何设置合适的用户画像更新触发条件？三是选择何种高效的用户画像更新机制？

（1）收集实时用户数据

用户数据的收集方式可以分为显式收集和隐式收集。显式收集指的是用户直接参与数据收集工作，如邀请用户填写问卷调查表、情况调查表等。隐式收集指的是用户间接参与数据收集工作，如通过网络爬虫爬取平台上的用户数据，或是通过 API 获取用户日志文件等。对于相对稳定的用户数据，如用户基本情况数据，可采取显式收集方式，对于变化较快的其他用户数据，通常采用隐式收集方法。

（2）设置更新触发条件

用户画像更新的触发条件有两种设置方式，分别是设置更新周期和设置更新阈值。无论是设置更新周期还是更新阈值，都需要在掌握用户属性特征随时间变化的规律与特点的前提下展开。分析用户属性特征动态性时，可以从用户数据的内容、形式和数量等维度，利用时序分析和比较分析等方法掌握用户属性特征随时间变化的规律。此外，由于用户画像的生成过程是用户属性特征标签的生成过程，涉及二分类和阈值分类问题，可以借助相应的模型性能评价指标探索模型随时间变化的特征与规律。那么，当用户属性特征随时间的变化呈现出明显的周期性，通常采用设定更新周期的方式；否则，采用设定更新阈值的方式。

（3）选择画像更新机制

根据用户画像对数据的内容、形式和数量的敏感度，确定是否需要更新用户数据、特征体系或训练方法。如若需要更新用户数据，则可以采取完全更新或增量更新的策略。其中，完全更新指读取当前时间戳所有历史用户数据重新生成用户画像，增量更新指获取当前时间戳点与上一个时间戳点之间用户数据，只更新发生变化的部分。如果需要更新特征体系，则涉及多视角数据融合，可以采用协同训练、多核学习和子空间学习等多视角学习方法实现多视角数据融合。而无论是用户数据更新还是特征体系更新，都可能涉及训练方法的更新。

本章将以面向高血压主题的用户兴趣画像和用户社交画像为例，在社会化问答平台用户画像模型的指导下，围绕上述三个方面的问题，进行面向主题的用户画像更新的实证研究。

5.2　用户兴趣画像更新

5.2.1　问题描述

新的用户兴趣画像的生成流程与上一章所述一致，但在生成新的用户画像之后应从哪些方面比较新画像和原画像的差异需要作进一步的分析。首先，用户提问的增加和用户兴趣内容的变化是否会对原主题空间产生影响，需要在实验基础上进行比较分析。其次，在新的主题空间中，文档的主题内容分布能否与原主题内容分布吻合是检验主题挖掘效果的重要方式，也是判断用户兴趣是否发生变化的重要依据。最后，用户热点标签云是主题下用户关注热点的体现，在不同时间截点用户兴趣热点是否发生变化也需要在实验基础上进行对比分析。

基于上述分析，本节将选取更近的时间截点获取用户数据，生成新的用户兴趣画像，并在此基础上从主题空间、文档特征和主题热点三个方面比较新画像和原画像的差异，并以此为用户兴趣画像更新策略的依据。

5.2.2　研究设计

5.2.2.1　数据获取

在本书第 4 章中选取了 2017 年 7 月 1 日之前所有高血压主题下用户提问作

为用户兴趣画像生成的数据来源。综合考虑问题数量的增长速度和用户数据的爬取速度，选择 2017 年 12 月 31 日作为新的时间截点生成新的用户兴趣画像。因此，本节选取 2018 年 1 月 1 日之前高血压主题下所有的用户提问作为新用户兴趣画像的数据来源。

截至 2017 年 12 月 31 日，高血压主题下的用户共提出高血压相关的问题 3067 个，对应的答案为 7246 条，问题的平均答案数为 2.36。相较于 2017 年 7 月 1 日之前，问题增加了 779 个，答案增加了 948 条，问题的平均答案数有略微下降，从 2.75 下降至 2.36。

获取用户提问数据后，根据图 4.2 的数据预处理流程对用户提问数据进行数据变换和数据清洗。对问题和答案的发布时间进行统计，时间分布如图 5.1 所示。从图 5.1 中可以看出，高血压相关的问题和回答在 2017 年 7 月 1 日至 2017 年 12 月 31 日期间仍持续保持高速增长。

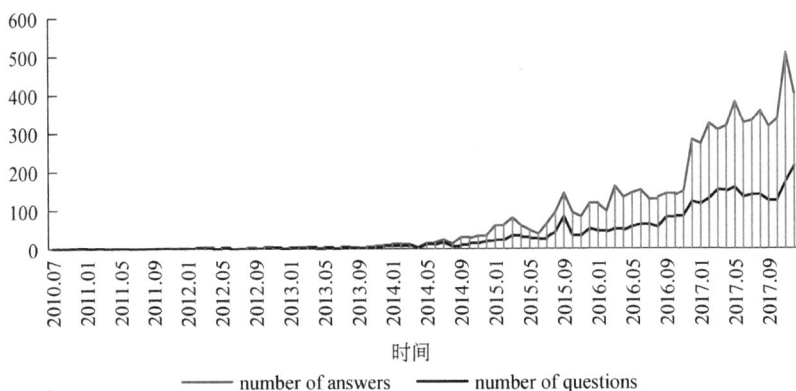

图 5.1　高血压主题下的问题和答案发布时间分布图（2018 年 1 月）

5.2.2.2　兴趣画像更新流程

用户兴趣画像的更新流程包括两个部分：用户兴趣画像生成和用户兴趣画像比较，具体更新流程如图 5.2 所示。

（1）兴趣画像生成

在第 4 章用户画像生成实证研究的基础上，总结了用户兴趣画像生成流程，对该部分的用户画像生成的应用需求分析、用户属性选择、属性特征挖掘和用户画像表示等环节进行了细化。其中，属性特征挖掘环节首先对预处理后得到的问题文档进行主题挖掘，并通过模型评价确定最优目标主题数后生成主题—词汇矩阵和文档—主题矩阵；随后，分别从主题—词汇矩阵和文档—主题矩阵中抽取主

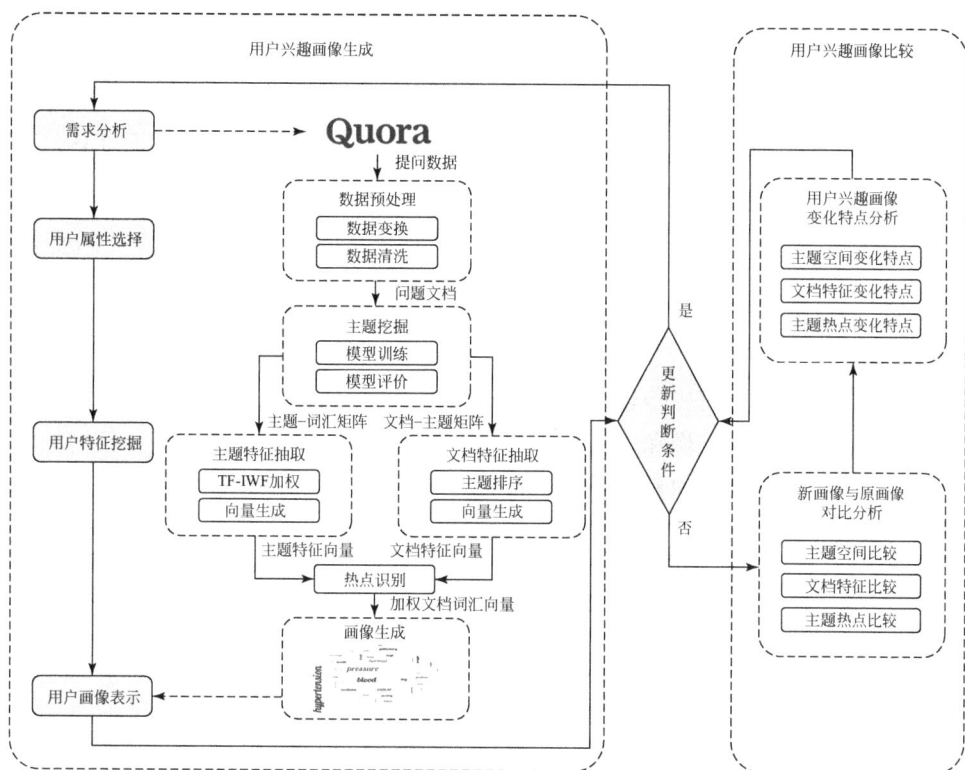

图 5.2 面向主题的用户兴趣画像更新流程

题特征向量和文档特征向量，前者基于 TF-IWF 加权方法对词汇进行排序，后者仅按照概率大小排序，最终得到 M 维主题特征向量和 R 维文档特征向量；最后，利用问题的答案数、关注量和浏览量对文档—主题矩阵中的主题加权，并融合 M 维主题特征向量，得到加权文档词汇向量。用户画像表示环节以向量的形式呈现 R 维文档特征向量，以热点标签云图的形式呈现加权文档词汇向量。

在利用主题挖掘方法获取用户提问的主题时，文档—主题分布的超参数 α 一般设定为 $50/k$，主题—词对分布的超参数 β 一般设定为 0.01，迭代次数设定为 1000，最优目标主题数需要根据实验结果进行选择。在抽取文档特征和主题特征过程中，为了便于与原画像进行比较，仍将文档特征向量的长度设定为 5，将主题特征向量的长度设定为 10。此外，在计算主题特征向量中的词汇权重时，仍同时对词频取对数（log 函数的底数为 10）和开次方（$n=10$）。

（2）兴趣画像比较

生成新的用户兴趣画像后，分别从主题空间、文档特征和主题热点三个方面对原画像和新画像进行对比分析。

其中，主题空间指的是基于 TF-IWF 加权方法从主题—词汇矩阵中抽取的主题特征向量。由于主题特征向量由词汇列表组成，可以通过计算主题特征向量的重合度来衡量主题内容的差异。主题特征向量 $Topic_i$ 和 $Topic_j$ 重合度的计算公式如式（5.1）所示。

$$Overlap\_topic_{(i,j)} = \frac{n}{M} \tag{5.1}$$

式中，n 表示两个主题特征向量中重合的特征词个数；M 表示主题特征向量的长度。

文档特征指的是对主题进行排序后得到的文档特征向量，文档特征向量由主题列表组成。由于新画像和原画像的主题空间完全相同的可能性极低，相同的文档在主题空间下的特征向量完全相同的可能性极低，因此，在对文档特征进行比较时，着重比较文档的特征向量在主题内容上的差异，而非主题构成上的差异。文档特征向量 Doc_a 和 Doc_b 重合度的计算公式如式（5.2）所示。

$$Overlap\_doc_{(a,b)} = \sum_{i,j=1}^{R} Overlap\_topic_{(i,j)} / R^2 \tag{5.2}$$

式中，R 表示文档特征向量的长度。

主题热点指的是通过融合 R 维主题特征向量和加权文档特征向量得到的加权文档词汇向量，可视化后即为主题热点标签云图。因此，主题热点的差异主要体现在加权文档词汇向量的构成和权重上。

在对新画像和原画像进行对比分析后，总结归纳出用户兴趣画像随时间变化的特点，进而提出用户兴趣画像的更新策略。

5.2.3 结果分析

5.2.3.1 主题特征比较

对原始数据 3067 个用户提问进行数据预处理后，去除长度小于 2 的文档，最终保留有效文档 3027 个，作为主题挖掘最终的输入文档集合。利用 BTM 模型挖掘用户提问中的子主题，图 5.3 和图 5.4 分别为不同主题数 BTM 模型的困惑度数值及主题间平均语义距离变化曲线。从图中可以看出，随着主题数的增加，主题模型的困惑度不断减小，且当主题数大于 20 时，困惑度的减小速度放缓。此外，主题间语义距离在主题数大于 40 之后，呈现出持续下降的趋势。基于同样的评判标准，综合考虑主题模型在困惑度和主题结构稳定上的表现、语料库的特点，以及语义解释和理解的需要，最终选定 20 作为该语料库的最优目标主题数。

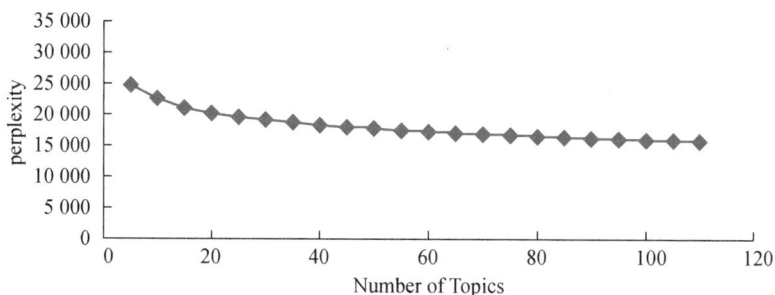

图 5.3　BTM 模型的困惑度数值变化曲线

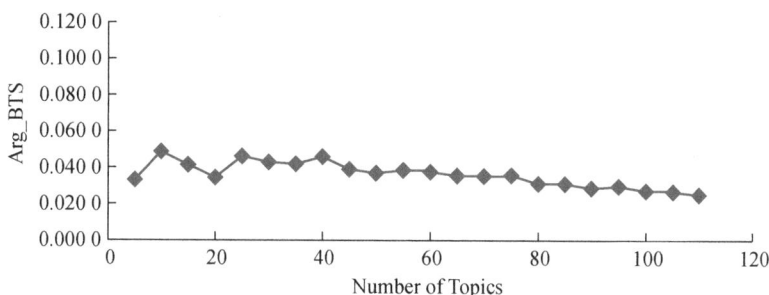

图 5.4　BTM 模型主题间平均语义距离变化曲线

选定最优目标主题数 20，主题挖掘后得到主题—词汇矩阵和文档—主题矩阵。首先，从文档—主题矩阵（3027 * 20）中抽取权重最大的 R 个主题构成 R 维文档特征向量（$R=5$）（示例见附录 A-3）。然后，基于 TF-IWF 加权算法对主题中的每个词汇加权，从主题—词汇矩阵（20 * 1286）中抽取权重最大的 M 个词汇构成 M 维主题特征向量（$M=10$）（所有向量集合见附录 A-4）。

对不同时间截点获取的用户提问文档进行主题挖掘，基于主题挖掘结果在困惑度和主题稳定性上的表现，均选择 20 作为最优目标主题数。对两次主题挖掘获取的主题特征向量进行重合度计算，结果示例如表 5.1 所示。其中，topicA_i（$i=0$，1，2，$\cdots$，M，$M=19$）和 topicB_j（$j=0$，1，2，$\cdots$，M，$M=19$）分别表示原主题特征向量和新主题特征向量。

表5.1 主题特征向量重合度矩阵

	topicA_0	topicA_1	topicA_2	topicA_3	⋯	topicA_19
topicB_0	0.1	0.2	0.4	0.3	⋯	0.1
topicB_1	0.4	0.5	0.4	0.3	⋯	0.0
topicB_2	0.3	0.1	0	0.0	⋯	0.2
topicB_3	0.0	0.3	0.1	0.0	⋯	0.2
⋯	⋯	⋯	⋯	⋯		⋯
topicB_19	0.0	0.1	0.0	0.0	⋯	0.3

从矩阵中抽取与新主题重合度最高的原主题作为相似主题,新主题与相似主题的映射情况和重合度分布情况如表5.2和图5.5所示。从中可以发现,新主题中与相似主题重合度最高的是主题9和主题10,重合度达到0.9;与相似主题重合度较低的是主题7、主题11和主题18,分别为0.4、0.3和0.2;其余新主题与相似主题的重合度均介于0.5到0.7之间,平均最高重合度为0.595。此外,存在一个新主题与多个相似主题映射的情况,如新主题0与原主题6、原主题7的重合度均为0.7,新主题19与原主题12、原主题17的重合度均为0.5;也存在一个原主题同时为多个新主题的相似主题的情况,如原主题6同时为新主题0、新主题1、新主题2的相似主题,原主题7同时为新主题0、新主题15的相似主题;也有原主题没有成为任何一个新主题的相似主题,如主题4、主题5、主题14和主题15。综合上述情况,大多数新主题(17/20)可以在原主题中找到重合度较高的相似主题,仅有少数新主题(3/20)与所有原主题的重合度都较低,且仅有少量原主题(4/20)没有成为新主题的相似主题,由此可以判断,新主题特征与原主题特征的重合度较大、区分度较小。

表5.2 新主题—相似主题映射情况

新主题	相似主题	重合度	新主题	相似主题	重合度
topicB_0	topicA_6/7	0.7	topicB_7	topicA_17	0.4
topicB_1	topicA_6	0.6	topicB_8	topicA_17	0.6
topicB_2	topicA_6	0.5	topicB_9	topicA_18	0.9
topicB_3	topicA_13	0.6	topicB_10	topicA_8	0.9
topicB_4	topicA_3	0.6	topicB_11	topicA_1/4	0.3
topicB_5	topicA_11	0.7	topicB_12	topicA_18	0.7
topicB_6	topicA_1	0.7	topicB_13	topicA_8	0.7

续表

新主题	相似主题	重合度	新主题	相似主题	重合度
topicB_14	topicA_17	0.6	topicB_17	topicA_2	0.5
topicB_15	topicA_7	0.6	topicB_18	topicA_5/14	0.2
topicB_16	topicA_9	0.6	topicB_19	topicA_12/17	0.5

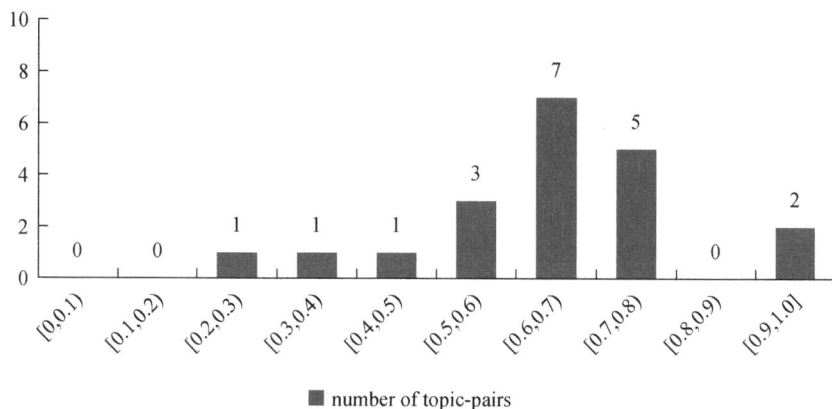

图 5.5　新主题—相似主题重合度分布情况

5.2.3.2　文档特征比较

在获取了主题特征向量重合度的基础上，可以计算相同文档在不同时间截点的主题重合度。由于原文档特征向量集合中包含了 2255 条向量，因此选取新文档特征向量集中前 2255 条向量与原文档特征向量进行一对一比较，最终得到新文档特征与原文档特征重合度分布图，如图 5.6 所示。从图中可以发现，新文档与原文档特征重合度集中分布在 0.215 至 0.350 之间，平均文档重合度高于平均主题重合度（0.290>0.201）。由此可以看出，在新的主题空间下，文档主题特征能够与原主题特征较好地吻合，说明通过主题挖掘能够较好地识别文档包含的主题内容。

5.2.3.3　主题热点比较

根据问题的答案数量、关注者数量和浏览量给用户提问赋予不同的权重，合并加权文档—特征向量中的相同特征，最终获得 40 个文档特征词，词汇及其对应的权重见附录 B-2。将这些标签以标签云的方式可视化，得到高血压主题下的热点标签云图（图 5.7）。从图中可以直观地看出高血压主题下的用户关注的热

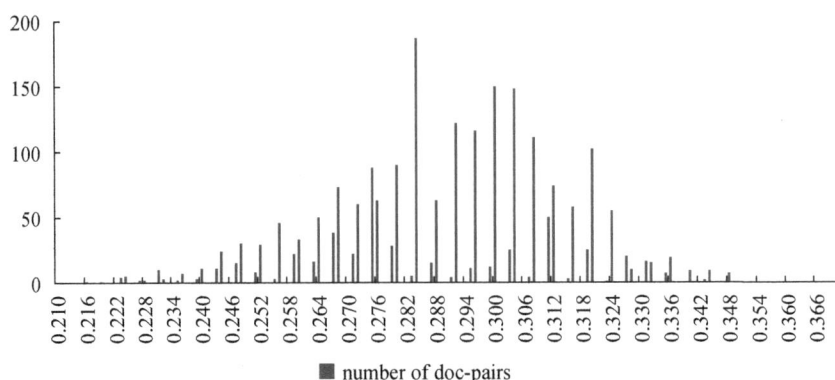

图 5.6　新文档特征与原文档特征重合度分布情况

点依次是：高血压的病因（cause）、诊断与治疗（diagnose、treat、medicine、pill）、血压测量与控制（systolic、diastolic、mm、hg）、日常保健（salt、water、drink、exercise、training）及相关疾病与并发症（pulmonary）等。

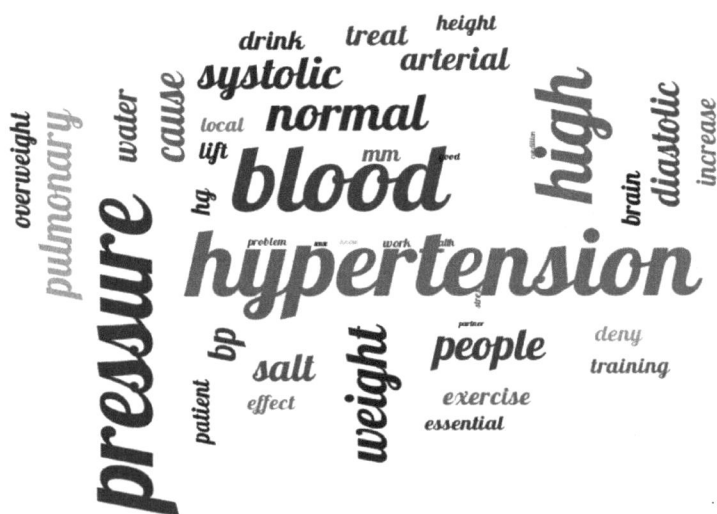

图 5.7　高血压主题下的热点标签云图（2018 年 1 月）

　　两个在不同时间截点获得的热点标签云图在构成上存在相似和不同之处：首先，原热点标签云图包含 39 个特征词汇，新标签云则包含 40 个，同时出现在两个标签云上的特征词汇共 18 个，只出现在新或原标签云中出现的特征词汇分别为 21 个和 22 个，如表 5.3 所示。此外，高血压病因、诊断与治疗、相关疾病与并发症和日常保健在两个时间截点均为高血压主题下用户关注的热点，但在截止2017年6月30日的标签云中，用户对高血压心理影响的关注超越了相关疾病与并发症和日常保健，而在截至2018年1月的标签云中，用户对于心理影响的关注弱化，对于血压测量与控制的关注有所提升。

表 5.3   热点标签云图词汇构成对比

出现位置	特征词汇（按权重由大到小排序）
新、原标签云（18）	hypertension, pressure, blood, cause, normal, treat, high, pulmonary, health, problem, weight, know, patient, arterial, overweight, height, deny, people
原标签云（21）	leg, medicine, **feel**, **anxiety**, cross, rise, knee, pill, start, walk, percentage, diabetes, way, age, diagnose, change, daily, disease, artery, low, reduce
新标签云（22）	**systolic**, salt, bp, **diastolic**, water, drink, increase, brain, **hg**, exercise, **lift**, **mm**, training, effect, essential, local, work, good, stress, partner, condition, sense

5.2.4   画像更新特点与策略

5.2.4.1   变化特点

上一节分别从主题空间、文档特征和兴趣热点三个方面对新用户兴趣画像和原画像进行了对比分析，第一个时间截点为2017年6月30日，第二个时间截点为2017年12月31日。进一步对用户兴趣画像6个月内随时间变化的特点进行总结。

（1）主题重合度较高，主题内容变化较小

尽管两个时间截点的输入文档不尽相同，但通过BTM模型训练得到的两个主题空间在主题数量和主题内容上表现出很大的相似性。首先，在综合考虑主题模型的困惑度、主题结构稳定性以及可解释性的前提下，两个输入文档的最优目标主题数均为20；此外，新、原主题特征向量表现出较高的重合度，大部分新主题空间下的主题能够从原主题空间中找到与之匹配度较高的主题。由此说明，高血压主题下的用户兴趣在实验设定的时间范围内并没有发生明显的变化。

（2）文档基本重合，主题结构较为稳定

在获取主题重合度的基础上比较文档重合度，平均文档重合度高于平均主题重合度，说明在原主题空间和新主题空间下，文档的主题构成能够基本重合。这一结果一方面验证了主题挖掘模型的有效性，另一方面也表明高血压主题下用户兴趣的主题结构较为稳定。

（3）主题热点相对稳定，但也有所侧重

通过比较原热点标签云和新热点标签云发现，高血压主题下用户兴趣的热点始终围绕四个方面：高血压病因、诊断与治疗、相关疾病及并发症和日常保健；但在不同的时间截点上，用户兴趣的热点有所侧重。例如，在 2017 年 7 月时用户对于"心理影响"的关注增加，超过了对"相关疾病及并发症"和"日常保健"，但在 2018 年 1 月时用户对于"血压测量与控制"的关注有所提升，对于"心理影响"的关注相应弱化。

5.2.4.2 更新策略

通过上述分析可以看出，在实验设定的时间窗口内（6 个月）可以在一定程度反映用户兴趣变化的特点，基于这些特点可以采取以下用户兴趣画像更新方式。

（1）数据获取方式

由于用户兴趣画像的数据来源是用户显性兴趣对应的用户数据，无需通过显性方式获取，因此采用隐性方式获取实时用户数据，作为用户兴趣画像的数据来源。

（2）更新触发条件

由于高血压主题下的问题保持持续增长，且增长的速率具有波动性。因此，当问题增长数量超过一定阈值时启动用户兴趣画像更新更具适用性。在高血压主题中实验设定的时间窗内用户关于高血压的问题增加了 768 条（2299→3067），尽管主题内容变化较小，但用户兴趣的热点发生了偏移，因此可以选择新增问题数量为 300 或 500 作为更新触发条件。

（3）画像更新机制

用户兴趣画像生成从主题挖掘、特征抽取到画像生成是一个环环相扣的过程，因此更新用户兴趣画像时仍需从主题挖掘开始，并从主题挖掘输出的主题—词汇矩阵和文档—主题矩阵中抽取主题特征向量和文档特征向量，并融合主题特征向量和文档特征向量得到热点标签云图。因此，在更新用户兴趣画像时，需要将当前时间截点的所有用户提问作为输入文档生成新画像，即应当选取全量更新机制。但由于高血压主题下的用户兴趣主题结构相对稳定，可以在一定时间范围内保持，最优目标主题数为 20，这样可以免去需要耗费较大计算成本的试验过程。

5.3 用户社交画像更新

随着时间的推移，目标用户群体的问答情况、关注情况可能发生变化，相应的，不同类型用户的组成或比例也可能发生变化。为了观察用户社交画像随时间变化的特点和趋势，本节将选取更近的时间截点生成新的用户社交画像，通过比较新画像和原画像的差异，总结用户社交画像随时间变化的特点，在此基础上提出用户社交画像的更新策略。

5.3.1 问题描述

新用户社交画像的生成流程与上一章所述一致，但在生成新的用户画像之后从哪些方面对新画像和原画像进行对比分析需要作进一步的探讨。由于用户社交画像是用户网络特征的提炼和总结，而用户网络特征又表现在宏观拓扑结构、中观子群构成和微观节点结构和权力特征上，因此，新用户问答网络和新用户关注网络在以上三个方面的表现和特点与原用户网络相比是否发生变化、发生了何种变化，以及有何种变化特点和趋势需要在实验的基础上进行比较和分析。

为了回答上述问题，本节将选取更近的时间截点生成新的用户问答网络和用户关注网络，并在此基础上从网络拓扑结构、子群构成和节点结构和权力特征三个层面比较新画像和原画像的差异，并以此为设计用户社交画像更新方式的依据。

5.3.2 研究设计

5.3.2.1 数据获取

在本书第 4 章中，通过邀请回答机制获取了包含邀请标签的问题 490 条，通过反向追踪机制从邀请者中定位了高血压相关的问题 265 条。汇总 265 条问题及其答案对应的所有提问者和回答者，最终锁定 689 位用户作为生成用户社会网络的样本用户。为了跟踪和发现用户社交画像随时间变化的特点、设计合理的用户社交画像更新机制，本节仍选择上述 689 位用户作为用户社交画像更新研究的目标用户。2018 年 1 月，再次爬取 Quora 平台中高血压主题下的问答数据，并从中抽取 2017 年 12 月 31 日以前的问题和答案信息以及 689 位目标用户的关注信息。从获取的提问数据、回答数据和关注数据中抽取关系三元组，用于生成新的用户问答画像和用户关注画像。

5.3.2.2 社交画像更新流程

用户社交画像的更新流程包括两个部分：用户社交画像生成和用户社交画像比较，具体更新流程如图 5.8 所示。

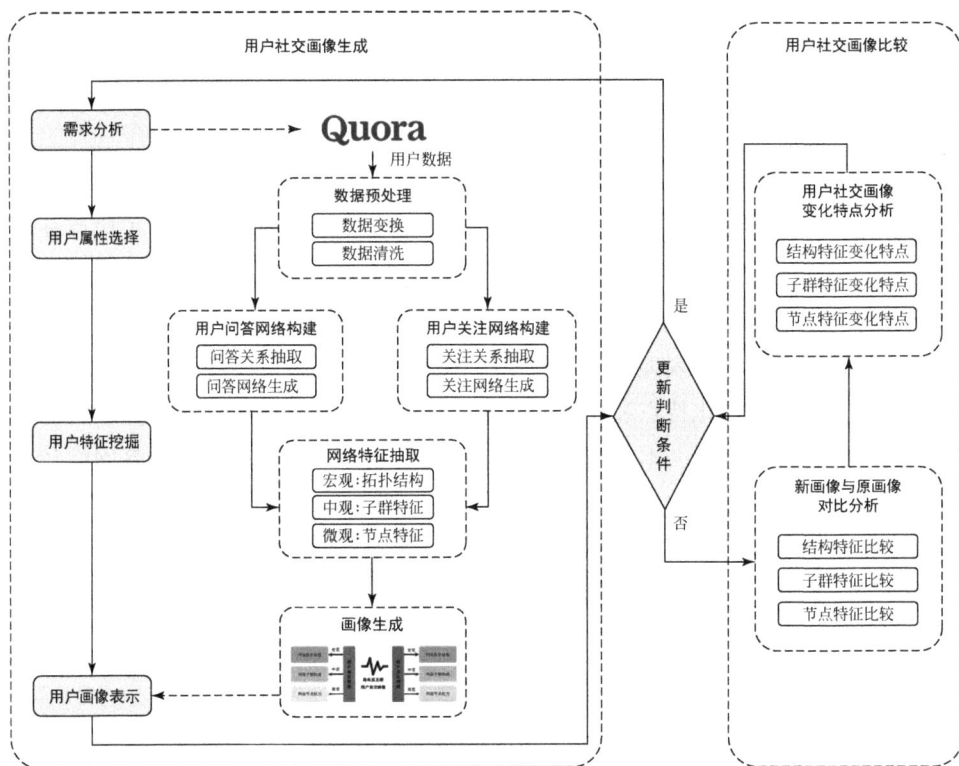

图 5.8　面向主题的用户社交画像更新流程

（1）用户社交画像生成

在第 4 章用户画像生成实证研究的基础上总结了用户社交画像生成流程，该部分将用户画像生成的应用需求分析、用户属性选择、属性特征挖掘和用户画像表示等环节进行了细化。其中，属性特征挖掘环节从问题数据、回答数据和关注数据中抽取用户问答关系和用户关注关系，分别生成用户问答网络和用户关注网络；随后，从宏观、中观和微观三个层面分别对用户问答网络和用户关注网络的拓扑结构特征、子群构成特征和节点权力特征进行分析，并根据节点权力特征划分用户类型。用户画像表示环节将用户问答网络和用户关注网络的特征进一步融合，以短语、分布图、图片等方式呈现用户社交画像。

（2）用户社交画像比较

用户社交画像实际上由用户问答画像和用户关注画像两个部分组成，但两个画像的组成相同，因此，生成新的用户社交画像后，可以从宏观、中观和微观三个层面比较网络各项特征指标的差异，将用户社交网络主要特征总结如图5.9所示。

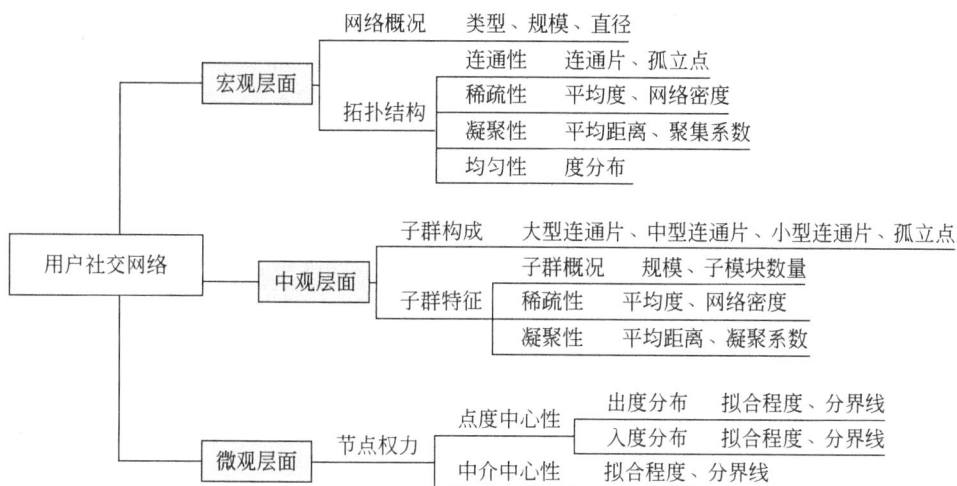

图 5.9　用户社交网络主要特征

5.3.3　结果分析

5.3.3.1　结构特征比较

从新数据集中的问题数据中抽取 689 位目标用户的问题数据、答案数据和关注数据，并从中获取用户的问答关系和关注关系，最终共获取用户问答关系 896 对和用户关注关系 504 对，将关系数据导入 Gephi，得到新的用户问答网络和用户关注网络，如图 5.10 和图 5.11 所示。同样的，通过颜色区分网络节点的出度、通过大小区分网络节点的入度。在用户问答网络中，蓝色系节点表示出度相对较大的用户，且颜色越深，出度越大，棕色系节点表示出度相对较小的用户，

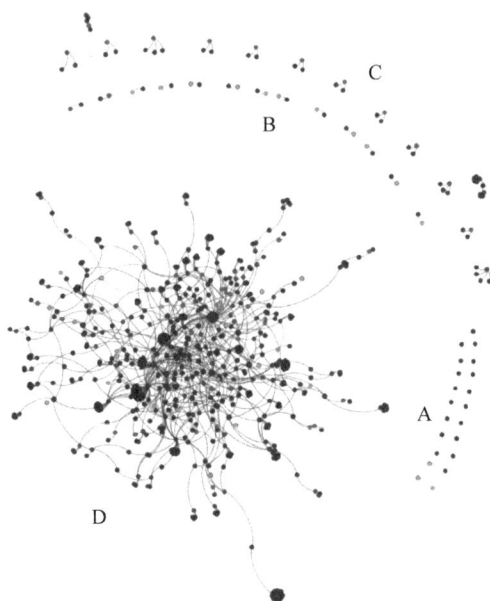

图 5.10　高血压主题用户问答网络图（2018 年 1 月）

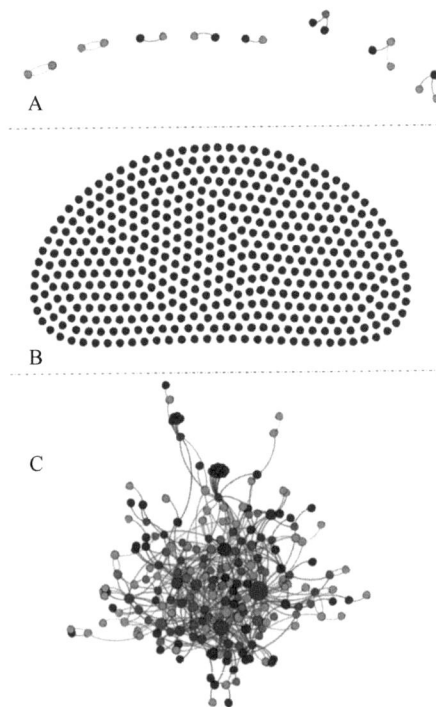

图 5.11　高血压主题用户关注网络图（2018 年 1 月）

且颜色越深，出度越小；而节点越大表示入度越大，反之则越小。在用户关注网络中，蓝色系节点表示出度相对较大的用户，且颜色越深，出度越大；红色系节点表示出度相对较小的用户，且颜色越深，出度越小；而节点越大表示入度越大，反之则越小。从图中可以看出，新的用户问答/关注网络也形成了 1 个大型连通片（区域 D/C）、若干个中小型连通片（区域 B、C/A）及若干孤立点（区域 A/C）。

首先，从用户网络的结构特征对新用户网络和原用户网络进行比较分析。用户问答网络和用户关注网络的宏观特征如表 5.4 所示。

表 5.4　用户网络的结构特征比较（宏观）

指标类别		指标名称	用户问答网络		用户关注网络	
			2017 年 7 月	2018 年 1 月	2017 年 7 月	2018 年 1 月
网络概况		网络类型	有向	有向	有向	有向
		节点数（个）	**689**	**689**	**689**	**689**
		连边数（条）	850	896	277	504
		网络直径	**3**	**3**	**10**	**10**
网络特征	连通性	连通片（个）	54	49	547	466
		孤立点（个）	22	18	544	457
	稀疏性	平均度	2.467	2.601	0.804	1.463
		网络密度	**0.002**	**0.002**	**0.001**	**0.001**
	凝聚性	平均距离	1.298	1.537	4.469	4.109
		聚集系数	0.008	0.011	0.014	0.019
	均匀性	出度分布	2.60	2.61	1.83	2.69
		入度分布	2.53	2.45	1.99	1.99

在新用户网络中，689 位目标用户之间产生了 896 对问答关系和 504 对关注关系，相较于原用户网络分别新增了 46 对问答关系和 227 对关注关系。并且，新用户问答、关注网络中分别包含了 18 个、457 个孤立点，相较于原用户网络分别减少了 3 个（13.6%）和 81 个（14.8%）孤立点。由此可见，虽然高血压主题下的用户更倾向于通过问答的方式建立或保持社交联系，但通过关注方式建立社交联系的增长速率远远大于通过问答的方式，产生这一现象的原因主要在于建立问答关系的成本大于建立关注关系。建立问答关系需要满足以下几个条件：①用户 A 有明确的信息需求，通过浏览平台中的信息未能满足其信息需求；②用户 A 主动地在平台上提交问题；③用户 B 恰好浏览到用户 A 的提问且具备相关

知识或信息；④用户 B 主动地在平台上回答问题。建立关注关系的前提是：①用户 A 在平台中生成了一定的信息，包括个人信息或问答信息；②用户 B 到用户 A 生成的内容；③基于共同的兴趣需求或出于其他目的，用户 B 关注用户 A。显然，相较之下建立关注关系的前提更容易得到满足。

其次，新用户问答网络的平均度和平均路径长度相较于原网络均有所增加（2.467→2.601、1.298→1.537），但新用户关注网络虽然平均度有较大幅度的增长（0.804→1.463），但平均路径长度却有略微下降（4.469→4.109）。

此外，新用户问答、关注网络的网络直径均无变化（3→3、10→10）、网络密度也都保持不变（0.002→0.002、0.001→0.001），而聚集系数均有所增长（0.008→0.011、0.014→0.019）。说明从 2017 年 7 月 1 日至 2017 年 12 月 31 日，689 位目标用户之间产生了新的问答和关注关系，但尚未对整个用户问答、关注网络的网络直径和网络密度产生显著影响。

5.3.3.2　子群特征比较

对用户网络的子群特征进行汇总比较，如表 5.5 所示。

表 5.5　用户网络的子群特征比较（中观）

类别	指标名称		用户问答网络		用户关注网络	
			2017.07	2018.01	2017.07	2018.01
子群构成	大型连通片数（节点数）		1（574）	1（586）	1（141）	1（213）
	中型连通片数（节点数）		2/13（63）	2/12（56）	0（0）	3（9）
	小型连通片数（节点数）		15（30）	13（26）	2（4）	5（10）
	非自环/自环数（节点数）		3/19（22）	3/18（21）	544/0（544）	457/0（457）
	合计（节点数）		54（689）	49（689）	547（689）	466（689）
子群特征	子群概况	节点数（占比）	574（83.30%）	586（85.05%）	141（20.46%）	213（30.91%）
		连边数（占比）	782（92.00%）	834（93.08%）	275（99.27%）	491（96.84%）
		子模块数量	18	19	9	9
	稀疏性	平均度	2.725	2.846	3.901	4.610
		网络密度	0.002	0.002	0.014	0.011
	聚集性	平均长度	1.315	1.558	4.471	4.111
		聚集系数	0.008	0.010	0.066	0.060

从表 5.5 中可以看出，新用户问答网络通过新建立的问答关系减少了 1 个非自环孤立点（22→21），减少了 2 个小型连通片和 1 个中型连通片；而用户关注网络通过新建立的关注关系减少了 87 个孤立点（544→457），增加了 5 个小型连通片和 3 个中型连通片。

以用户问答网络为例，抽取用户问答网络大型连通片以外的部分进行放大查看，如图 5.12 所示。从图 5.12 中可以发现：2018 年 1 月的用户问答网络图中，一个孤立点消失不见，且 2017 年 7 月的用户网络图中的连通片 B、C、D 均不再出现。从新用户问答网络中抽取上述节点的邻近节点，可以观察到节点连接结构的变化，如图 5.13 所示。从图 5.13 中可以看出，孤立点（ID：1388）由于与用户（ID：1864）提出的问题，并入了大型连通片；类似的，小型连通片 B 由于成员节点（ID：10697）与节点（ID：195）相连而并入了大型连通片，此外，从图中还可以发现两个小型连通片虽然产生了新的问答关系，但仍未并入大型连通片中；中型连通片 D 则因为成员节点（ID：8985）与节点（ID：320）相连而并入了大型连通片。

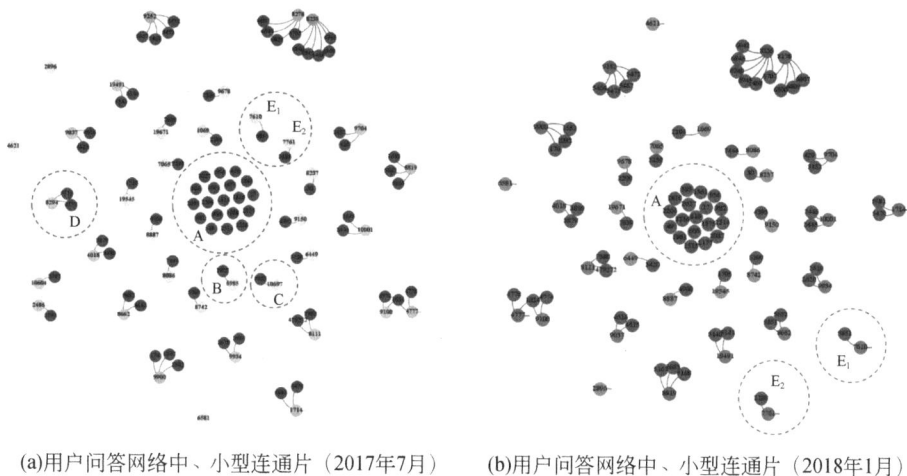

(a)用户问答网络中、小型连通片（2017年7月）　(b)用户问答网络中、小型连通片（2018年1月）

图 5.12　高血压主题用户问答网络中、小型连通片变化对比

聚焦到用户网络的最大子群，由于新用户问答网络新增的问答关系较少，其最大子群的各项特征变化较小，而用户关注网络的平均度有明显的增长（3.901→4.610），网络密度（0.014→0.011）、平均长度（4.471→4.111）及聚集系数（0.066→0.060）却有所下降。这说明最大子群中新增加的节点和关注关系的聚集性尚未达到原网络中最大子群的平均水平。

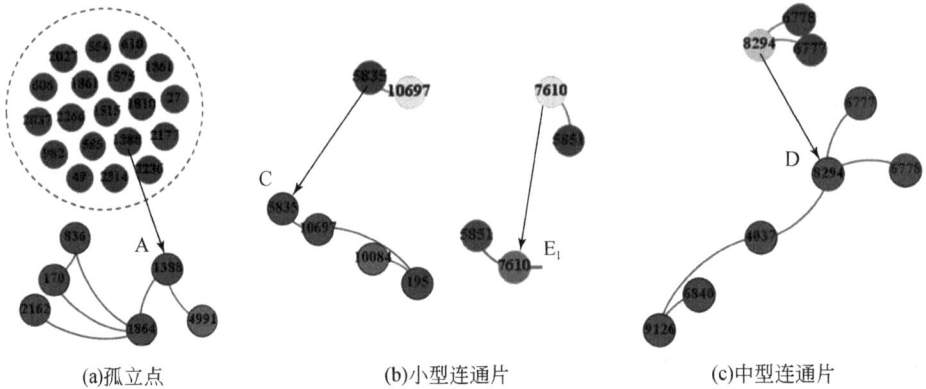

(a)孤立点　　　　　　　　(b)小型连通片　　　　　　　(c)中型连通片

图 5.13　高血压主题用户问答网络节点结构变化示意

5.3.3.3　节点特征比较

类似的，对新用户网络点度中心度和中介中心性进行分布检验后，得到用户网络的节点特征，如表 5.6 所示。从表 5.6 中可以看出，新用户问答网络节点的出、入度和中介中心性均符合幂律分布，但用户关注网络中仅有节点的出度和中介中心性符合幂律分布，节点出度与幂律分布的拟合程度极低。新用户问答网络的出度、入度分界线相较于原用户网络均未发生改变，中介中心性分界线也仅有小幅度变化（0.0016→0.0014）；但新用户关注网络的出度分界线大幅增加（3→11）。根据网络宏观特征分析结果，新用户关注网络新增的连边数量远远多于新用户问答网络，节点的平均度从 0.804 增加至 1.463，由此可以推断，节点度的增加可以在一定程度上提高分界线的取值。由于原用户关注网络的节点中介中心性和新用户关注网络的节点入度在统计学意义上均不符合幂律分布，暂时无法对它们的分界线进行比较。出现这一结果的原因可能在于，两个时间截点之间目标用户形成的关注网络结构发生了较大规模的改变，最大子群节点和连边数量发生了明显的改变（141→213，275→491），且尚未形成较为稳定的网络结构，由此导致节点出度、入度和中介中心性分布特征的不稳定性。

表 5.6　用户网络的节点特征比较（微观）

类别	特征名称	用户问答网络		用户关注网络	
		2017 年 7 月	2018 年 1 月	2017 年 7 月	2018 年 1 月
节点	出度分布（α）	2.60	2.61	1.83	2.69
权力	出度拟合程度（p）	0.76	0.30	0.14	0.39

续表

类别	特征名称	用户问答网络		用户关注网络	
		2017 年 7 月	2018 年 1 月	2017 年 7 月	2018 年 1 月
节点权力	出度分界线	9	9	3	11
	入度分布（α）	2.53	2.45	1.99	1.90
	入度拟合程度（p）	0.41	0.53	0.07	0.00
	入度分界线	1	1	2	3
	中介中心性分布（α）	2.80	2.80	1.60	1.90
	中心性拟合程度（p）	0.99	0.06	0.03	0.20
	中介中心性分界线	0.000 16	0.000 14	0.002 33	0.003 35

基于用户网络节点的权力特征，可以对主题下的用户进行分类。根据用户问答网络的节点结构特征（出度、入度），可以将用户分为学习成长型、乐于助人型、善于思考型、默默学习型和偏好不定型用户；根据用户关注网络的节点结构特征（出度、入度），可以将其分为社交达人型、社交被动型、社交主动型、社交懒惰型和偏好不定型用户；根据用户问答、关注网络的节点权力特征（中介中心性），可以将其分为关键用户、重要用户和普通用户。从表 5.7 中各类用户的分布情况可以看出，随着时间的推移，用户问答网络中有一定偏好和非普通用户的数量有所增长，但偏好不定或普通用户的数量仍维持在较高水平。

表 5.7 不同类型用户数量分布

类别	用户类型	用户问答网络		用户关注网络	
		2017 年 7 月	2018 年 1 月	2017 年 7 月	2018 年 1 月
问答类型	学习成长型	2	3	—	—
	乐于助人型	4	4	—	—
	善于思考型	2	2	—	—
	默默学习型	4	5	—	—
	偏好不定型	677	675	—	—
关注类型	社交达人型	—	—	9	3
	社交被动型	—	—	10	9
	社交主动型	—	—	5	2
	社交懒惰型	—	—	14	11
	偏好不定型	—	—	651	664

类别	用户类型	用户问答网络		用户关注网络	
		2017 年 7 月	2018 年 1 月	2017 年 7 月	2018 年 1 月
节点中介	关键用户	1	9	6	25
	重要用户	4	3	16	10
	普通用户	684	677	667	654

5.3.4 画像更新特点与策略

5.3.4.1 变化特点

不同时间截点的用户社交画像的差异主要体现在用户问答网络与用户关注网络的特征差异上。因此，着重对用户网络随时间变化的特点进行总结。这里的用户网络指的是数量一定的目标用户构成的问答网络和关注网络，时间窗口长度为6个月，第一个时间截点为 2017 年 6 月 30 日，第二个时间截点为 2017 年 12 月 31 日。

(1) 结构特征变化的特点

在实验设定的时间窗口内，用户网络结构在连通性、稀疏性、凝聚性和均匀性方面均发生了不同程度的变化。用户网络总体变化特征为连通性和凝聚性不断增强、稀疏性有略微下降、均匀性较不稳定；但用户问答网络和用户关注网络在不同结构特征上的具体表现存在一定差异，主要体现在以下几个方面。

1) 用户问答网络的连通性和凝聚性的增强幅度小于用户关注网络。出现这一现象的原因可以从两个方面进行分析：一是网络结构的角度，二是用户行为的角度。从初始时间截点的用户问答网络和用户关注网络的网络概况可以看出，在节点数（689）相同的情况下，用户问答网络的孤立点数量远少于用户关注网络（22<544），因此，初始用户问答网络在连通性和凝聚性的表现就明显优于用户关注网络。相应的，用户问答网络在连通性和凝聚性上的增长空间小于用户关注网络。此外，由于建立问答关系的过程是信息/知识需求匹配的过程，而建立关注关系不仅仅局限于信息/知识需求匹配，还包括兴趣匹配、社会资源匹配等，因此，建立关注关系难度低于建立问答关系，需要消耗的成本相对较小。这也成为用户问答网络连通性和凝聚性增强幅度小于用户关注网络的原因之一。

2) 用户网络稀疏性的变化幅度小于连通性和凝聚性。这一特点主要体现在用户问答网络和用户关注网络的网络密度上均保持不变，仅有平均度有一定程度的上升，说明新增的用户关系尚未对整个网络的密度产生明显影响。此外，用户问答网络的平均度的增幅小于用户关注网络。这一现象产生的原因仍然与用户问答和关注网络的增长空间以及用户行为特征相关。

3）用户网络的均匀性具有不稳定性。用户问答网络在两个不同的时间截点均符合幂律分布，且拟合程度较高，但用户关注网络仅在第一个时间截点符合幂律分布，第二个时间截点并无明显的分布特征。研究发现，以电影演员合作网络、万维网、电力网和科学引文网为代表的大型真实网络的出度、入度均服从幂律分布，为无标度网络（Albert et al., 1999；Barabási and Albert, 1999）。由此可以看出，大型网络节点连接度无明显特征长度的特征在小型网络中不一定适用，其背后的原因有待从网络分析的角度做进一步的探索。

（2）子群特征变化的特点

在实验设定的时间窗口内，用户网络的子群构成始终维持一定的稳定性，仅在微观结构上有一定变化。

用户问答网络始终维持以大型连通片为主体、其余类型连通片和孤立点为点缀的"辐射型"子群构成，如图5.14所示；而用户关注网络始终维持以孤立点群体为主体、大型连通片为支撑、其余类型连通片为点缀的"蘑菇型"子群构成，如图5.15所示。但用户网络均保持大型连通片节点数量不断增加、孤立点逐渐减少的变化趋势。与此同时，孤立点、小型连通片、中型连通片和大型连通片之间存在由较小规模子群向较大规模子群合并的变化规律。例如，孤立点之间建立联系后转变为小型连通片，或与小型连通片中的节点相连转变为中型连通片，或与大型连通片中的节点相连直接并入大型连通片。类似的，小型连通片也可能转化为中型连通片或直接并入大型连通片。需要强调的是，也存在节点之间连边消失导致较大连通片向较小连通片转换的情况，但从实验结果看来，较小规模连通片向较大规模连通片合并是用户网络变化的总体趋势。

用户问答网络和用户关注网络的子群特征（大型连通片）的变化特点各异。用户问答网络子群的稀疏性有一定程度的减小，但用户关注网络子群的稀疏性下降更为明显；此外，用户问答网络子群的聚集性有所增强，但用户关注网络未增反减。其主要原因在于，用户问答网络的节点基数较大，新纳入子群的节点数量有限（12个），而用户关注网络的节点基数较小，新纳入的节点数量较多（72个），用户问答网络子群新增的节点与连边比（12/52）小于用户关注网络（72/216），导致用户关注网络子群的聚集性未增反减。

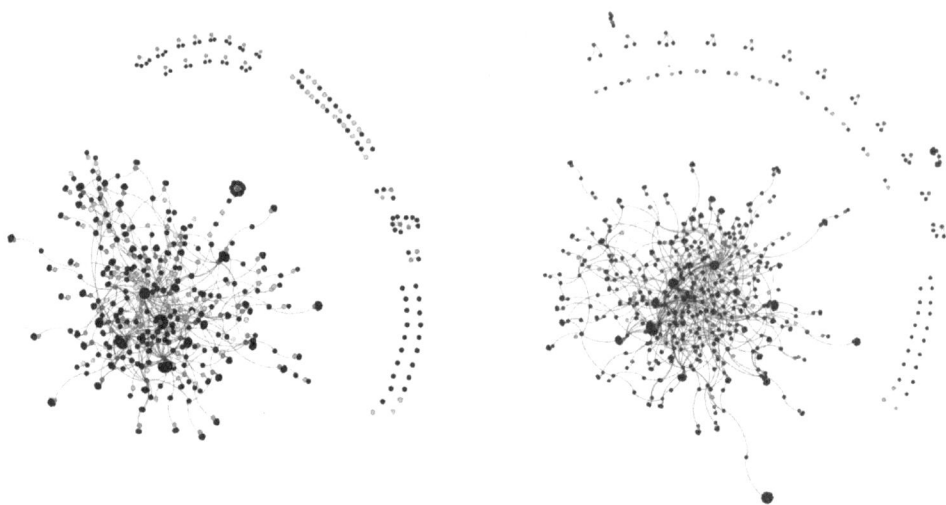

图 5.14   "辐射型"用户问答网络

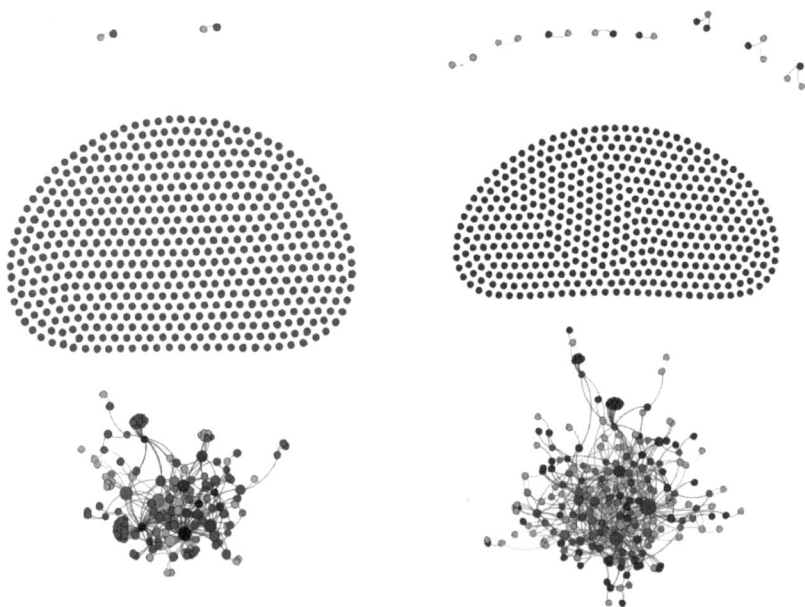

图 5.15   "蘑菇型"用户关注网络

（3）节点特征变化的特点

在实验设定的时间窗口内，用户网络节点的结构和权力特征均表现出均匀性不稳定性。在用户问答网络中，节点出度、入度和中介中心性均符合幂律分布，但节点中介中心性并不能在统计学意义上与幂律函数保持拟合；而用户关注网络中，仅有节点出度始终符合幂律分布，节点入度及中介中心性也无法在统计学意义上与幂律函数保持拟合。

5.3.4.2 更新策略

基于上述分析可以看出，在实验设定的时间窗口内（6个月）可以在一定程度反映用户问答关系和关注关系变化的特点。由于通过邀请回答机制和反向追踪的方式选定目标用户，用户之间固有的问答关系较为丰富、关注关系较为稀少，而在之后的6个月时间里，这些目标用户之间问答关系的建立速度相对较慢、关注关系的增长速度相对较快。因此，当面向问答关系较为丰富的目标用户群体建立用户社交画像时，可以选择不同的方式更新用户问答网络或用户关注网络，进而完成用户社交画像更新。

（1）数据获取方式

由于用户社交画像的数据来源是用户社交兴趣对应的用户问题、回答和关注信息，无需通过显性方式获取，采用隐性方式获取实时用户数据，作为用户兴趣画像的数据来源。

（2）更新触发条件

由于用户问答网络相对稳定，无需对其进行频繁更新，可以设定一个较长的时间周期（如 T=60 天），定期更新用户问答画像；而用户关注网络尚处于动态变化的过程，可以设定一个较短的时间周期（如 T=30 天），定期获取新的用户问答网络宏观特征，当网络宏观特征发生较大变化时再更新整个用户问答画像。需要强调的是，时间周期的选择因用户网络规模而异，也应根据用户网络的演化特点进行调整，例如，当目标用户群体的关注关系趋于稳定时，也可设定较长的更新周期。

（3）画像更新机制

面向主题的用户社交画像是对主题下目标用户群体整体特征的描绘和刻画，因而需要从全局出发，将当前时间截点的所有用户数据囊括在内，应选择全量更新机制。需要明确的是，尽管采取全量更新机制，用户数据可以通过全量更新的获取，也可以通过原数据与新数据融合的方式获得。

5.4　本章小结

　　本章分别对面向主题的用户兴趣画像和用户社交画像进行了更新研究。研究思路为选取选择上一个时间截点（2017 年 6 月 30 日）之后的一个新的时间截点（2017 年 12 月 31 日）生成面向高血压主题的用户兴趣画像和用户社交画像，然后对新画像和原画像进行对比分析，并在总结用户兴趣画像和用户社交画像随时间变化的特点的基础上，提出面向主题的用户兴趣画像和用户社交画像更新策略。

　　实验结果表明，新用户兴趣画像和原画像的主题重合度较高，主题内容变化较小；文档基本重合，主题结构较为稳定；兴趣热点相对稳定，但也有所侧重。而用户网络总体变化特征为连通性和凝聚性不断增强、稀疏性略微下降、均匀性较不稳定；但不同结构特征上，用户问答网络和用户关注网络的具体表现存在一定差异，主要体现在用户问答网络的连通性和凝聚性的增强幅度小于用户关注网络；用户网络稀疏性的变化幅度小于连通性和凝聚性；用户网络的均匀性具有不稳定性。

　　因此，更新用户兴趣画像时，优先采取隐式收集方法收集用户数据；又由于高血压主题下的问题数量持续增长，但增长速率具有波动性，选取设置更新阈值更具适用性，即当增长的问题数量超过一定阈值时启动更新程序。此外，由于用户兴趣画像描绘的是当前时间截点的总体兴趣特征，因此应当选取完全更新的用户画像更新机制。更新用户社交画像时，同样采取隐式收集方法收集用户数据。由于用户问答网络相对稳定，可以设置较长的更新周期，而用户关注网络尚处于动荡变化中，可以设置较短的更新周期，当用户关注网络趋于稳定时，再增长更新周期。此外，由于用户社交画像是对主题下目标用户群体社交特征的描绘，选择完全更新机制更具适用性。

6 | 总结与展望

6.1 内容总结

社会化问答平台作为一类典型的信息服务平台集合了大众百科和社交媒体的功能，为用户提供了一个获取与分享知识、结识有共同兴趣爱好朋友的平台。用户在使用社会化问答平台的过程中产生了来源多样、形式各异、内容丰富的用户数据，这些用户数据为充分理解用户提供了丰富的数据来源，也给用户研究带来了挑战。而从丰富的用户数据中挖掘用户特征，旨在多维度、全面立体刻画用户的"用户画像"，这为社会化问答平台用户研究提供了新的研究思路。然而，相关行业从业人员虽然围绕用户画像开展了一系列的实践活动，但尚未将用户画像总结上升为理论，不同领域研究者对用户画像的理解也存在争议。基于上述背景，本书围绕社会化问答平台用户画像展开了研究。现将本书的主要内容总结如下几个方面。

（1）厘清了用户画像的概念和特点

本书将"用户画像"理解为从多来源、多渠道获取用户数据，通过建立用户属性与用户数据的对应关系进行用户数据分流和管理，然后综合运用内容分析、数据挖掘、机器学习和智能推理等方法，从用户属性及其对应的用户数据中获取的用户特征的集合。它有别于"用户角色"和"用户模型"，融合了"用户角色"以典型用户为核心的思想，继承和发展了"用户模型"的实现方法，但在核心目标和应用场景上与两者有明显差别，具有画像类型多样化、数据来源多样性、用户数据属性化和用户标签动态化等四个方面的特征。

（2）构建了社会化问答平台用户画像模型

该模型的构建思路包括了用户数据获取、属性沙盒搭建、用户画像实现和用户画像应用四个步骤，其中用户画像实现部分包括了用户画像生成与更新流程。用户画像的信息来源可以分为用户基本信息、行为信息和内容信息；属性沙盒可以划分为用户基本属性、兴趣属性、社交属性和能力属性等；用户画像的生成流程包括了应用需求分析、用户属性选择、属性特征挖掘和用户画像表示等环节；而用户画像更新主要涉及数据获取方式、更新触发条件和画像更新机制三个方面的内容。此外，还探讨了社会化问答平台在实现和应用过程中面临的困境，并提出了相应的解决方案。

（3）生成了面向主题的社会化问答平台用户画像

为了缩小目标用户的范围，聚焦具体的应用场景，本书面向高血压主题开展社会化问答平台用户画像生成研究。由于平台内容管理和用户管理是社会化问答平台管理的核心内容，因此，本书以高血压主题为例，分别围绕用户提问分类和主题热点识别进行用户兴趣画像生成研究，围绕社交情况监测和用户类型划分进行用户社交画像生成研究。

面向主题的用户兴趣画像与用户社交画像的生成流程都以社会化问答平台用户画像模型为指导，包括应用需求分析、用户属性选择、属性特征挖掘及用户画像表示等环节。用户画像生成的难点主要在于属性特征挖掘，即在应用需求分析的基础上选取相关的用户属性对应的用户数据，基于这些用户数据进行属性特征挖掘。

在生成用户兴趣画像时，利用了 BTM 主题挖掘的方法挖掘用户兴趣特征，在进行主题挖掘的过程中，结合模型训练结果在困惑度和主题结构稳定性上的表现和经验，选定了最优目标主题数（$K=20$）。在主题挖掘输出结果的基础上，通过基于 TF-IWF 和基于频率的加权方法抽取主题特征向量、文档特征向量和加权文档词汇向量。最后，以向量的形式表示文档特征向量，以此为用户提问分类的依据，以标签云图的方式表示主题热点，帮助用户快速定位高血压主题下的讨论热点。

在生成用户社交画像时，利用了社会网络分析方法挖掘用户社交特征，在进行特征挖掘之前分别绘制了用户问答网络和用户关注网络。在此基础上，分别从宏观、中观和微观层面对用户网络（用户问答网络和用户关注网络）的拓扑结构特征、子群构成特征和节点权力特征进行分析。在对网络拓扑结构特征进行分析时，主要利用了刻画网络连通性、稀疏性、凝聚性和均匀性的指标；在对子群构成特征进行分析时，主要结合了统计分析和可视化的方法；在对节点权力特征进行分析时，在对节点的点度中心度和中介中心性分布进行检验的前提下，根据每个节点在不同指标上的表现划分用户类型。最后，分别将用户问答网络的宏观、中观特征表示为短语的形式，帮助管理人员进行主题社交情况监测，将微观特征表示为分布的形式，以此作为用户类别划分的依据。

（4）提出了面向主题的社会化问答平台用户画像更新策略

由于用户兴趣可能随着时间的推移发生增长、衰退或转移，且用户之间的问答或关注关系可能增加或消失、增强或削弱，用户的兴趣特征和社交特征也会发生相应的变化，因此，将面向主题的用户画像更新研究作为本研究的主要研究内容之一。采取的研究思路是选取一个新的时间截点构建新的用户画像，然后对新画像和原画像进行对比分析，并在总结用户兴趣画像和用户社交画像随时间变化的特点的基础上，提出面向主题的用户兴趣画像和用户社交画像更新策略。

新用户兴趣画像和新社交画像的生成流程与原用户画像一致，获取了 2018 年 1 月 1 日之前高血压主题下的所有用户提问作为新用户兴趣画像的原始数据。实验结果表明，新画像和原画像的主题重合度较高，主题内容变化较小；文档基本重合，主题结构较为稳定；兴趣热点相对稳定，但也有所侧重。为了分析目标用户之间问答关系和关注关系随时间变化的特点，获取了原用户社交画像中的目标用户在 2018 年 1 月时的问答关系和关注关系生成新用户社交画像。实验结果发现，用户网络总体变化特征为连通性和凝聚性不断增强，稀疏性有略微下降，均匀性较不稳定；在不同结构特征上，用户问答网络和用户关注网络的具体表现存在一定差异，主要体现在：用户问答网络的连通性和凝聚性的增强幅度小于用户关注网络，用户网络稀疏性的变化幅度小于连通性和凝聚性，用户网络的均匀性具有不稳定性。

基于新用户兴趣画像和社交画像与原画像的对比分析以及它们的变化特点，本书提出了面向主题的社会化问答平台用户兴趣画像和用户社交画像的更新方式。更新用户兴趣画像时，优先采取隐式收集方法收集用户数据；又由于高血压主题下的问题数量持续增长，但增长速率具有波动性，选取设置更新阈值更具适用性，即当增长的问题数量超过一定阈值时启动更新程序。此外，由于用户兴趣画像描绘的是当前时间截点的总体兴趣特征，因此应当选取完全更新的用户画像更新机制。更新用户社交画像时，同样采取隐式收集方法收集用户数据。由于用户问答网络相对稳定，可以设置较长的更新周期，而用户关注网络尚处于动荡变化中，可以设置较短的更新周期，当用户关注网络趋于稳定时，再增长更新周期。此外，由于用户社交画像是对主题下目标用户群体社交特征的描绘，选择完全更新机制更具适用性。

6.2　存在的局限

本书在研究方法和研究内容上仍然存在诸多局限性和不足之处。这些局限和不足可以作为进一步研究工作的切入点。

（1）研究方法的局限性

在用户画像生成研究部分，借助主题模型方法对高血压主题下的用户提问进行建模，从中抽象出用户提问中包含的主题，从语义层面理解用户需求。主题模型方法是一种基于三层贝叶斯的概率统计模型，通过机器学习和多次迭代的方法自动识别主题，主题挖掘的结果具有一定的模糊性，最优目标主题数的确定仍需根据经验进行人工设置，且训练所得的主题内容仍需通过人工观察进行总结和提炼，尚未结合内容分析方法对主题挖掘结果进行对比和检验，可能会对后续用户画像的应用的精确度产生一定影响。在通过社会网络分析方法进行用户社交特征挖掘时，主要结合网络刻画指标和可视化的方法抽取用户问答行为和关注行为特征，这种方法在目标用户群体较小、形成的用户网络规模较小时具有较高的可行性和实用性，当目标用户群体增大、形成的用户化网络规模庞大时的适用性较差。

在用户画像更新研究部分，采取的研究思路是在总结归纳两个时间截点的用户画像随时间变化的特点基础上，提出用户画像的更新策略。通过总结、归纳得到的结论的推广性和普适性较差。

（2）研究内容的局限性

本书通过将主题范围限定在高血压主题，聚焦有一定共同兴趣的用户，并着重对服务于社会化问答平台内容管理和用户管理的用户兴趣画像和用户社交画像的生成和更新展开了实证研究。

首先，在生成面向主题的用户兴趣画像时，仅选择了高血压主题下的用户提问作为原始数据，尽管用户提问是用户显性兴趣的最主要表征，但用户的显性兴趣也体现在用户关注的主题上，且用户兴趣还包括体现在用户回答的问题、评价的问题及浏览的内容等的用户隐性兴趣上。在生成用户社交画像时，着重考虑用户之间的主要互动关系（问答关系和关注关系），除此之外，用户之间存在评论关系、共同问答、共同关注等关系。尽管研究开展过程中以主要兴趣和社交行为为主，但用户兴趣和社交行为的其他方面也应作为研究的补充。在设计用户画像更新策略时，仅基于一个时间窗内用户兴趣和社交画像的变化特点，尚未考虑更长时间范围内用户兴趣和社交行为的变化特点、趋势及规律。

其次，本书围绕用户提问分类和主题热点识别生成了面向主题的用户兴趣画像，围绕社交情况监测和用户类型划分生成了面向主题的用户社交画像，但具体如何利用用户兴趣画像和用户社交画像实现服务优化和用户体验提升需要作进一步的研究。

最后，本书明确了面向主题的用户兴趣和社交画像的生成流程和方法，但尚未涉及如何面向主题生成其他类型用户画像，如用户能力画像、用户角色画像或是融合了更多用户属性的用户画像；也未对面向更大范围用户群体生成用户画像的流程和方法进行探讨。例如，如何选取用户属性维度、如何构建属性指标体系、采取何种方法抽取用户特征等问题。用户在信息空间、物理世界和人类社会中开展各项活动，社会化问答平台仅仅是用户跨空间、跨平台的活动空间之一，如何联系不同用户活动空间和平台生成更为全面、立体的用户画像，以提升社会化问答平台服务或更宽泛意义的用户信息服务等问题本书都尚未涉及。

6.3　进一步的研究方向

基于上述的研究局限性分析，围绕社会化问答平台用户画像研究，后续可以进一步研究的方向包括以下几个方面：

1）面向主题的社会化问答平台用户画像生成与更新方法的检验与改进。本书选取部分目标用户进行了面向主题的用户兴趣画像和社交画像研究，并通过比较两个时间截点的用户兴趣画像和社交画像的差异，提出了用户兴趣画像和社交画像更新策略。本书采用的生成和更新方法是否适用于更大范围的用户群体和更长的时间段需要在进一步的实证中进行检验。此外，除了通过用户兴趣画像、社交画像为平台内容管理和用户管理提供支持，还可以通过生成用户能力画像、角色画像识别用户的能力特征和角色特征。而如何利用用户数据生成和更新面向主题的其他类型用户画像以及面向主题的用户兴趣和社交画像的生成和更新方法在其他类型用户画像中是否适用有待进一步的研究。

2）面向主题的社会化问答平台用户画像应用开发与评价。用户画像应服务于用户研究及信息服务改善，在生成面向主题的用户兴趣画像和社交画像的基础上，设计何种用户提问分类方法；采用何种用户提问索引可视化方式提升用户体验；选择何种方式维护主题中的关键用户和重要用户；进一步激励普通用户进行信息与知识交流；采取何种方式评价用户画像在服务提升中的效果和作用等，都是面向主题的社会化问答平台用户画像研究中需要进一步探索的问题。

3）跨平台、跨空间的用户画像研究。本书提出的社会化问答平台用户画像模型所涵盖的用户数据来源局限于社会化问答平台，如何引入其他平台的用户数据，实现用户数据互通融合，生成更为全面、立体的用户画像是未来一个重要的研究方向。此外，如何建立用户在不同信息空间的活动与人类社会和物理世界的活动之间的映射关系，实现三元空间的互通共融将是未来用户画像研究和用户研究的难点。

参 考 文 献

安璐，胡俊阳，李纲．2020．突发事件情境下社交媒体高影响力用户画像研究．情报资料工作，41（6）：6-16.

安璐，周亦文．2020．恐怖事件情境下微博信息与评论用户的画像及比较．情报科学，38（4）：9-16.

陈娟，邓胜利．2015．社会化问答平台用户体验影响因素实证分析——以知乎为例．图书情报工作，59（24）：102-108.

陈娟，高杉，邓胜利．2017．社会化问答用户特征识别与行为动机分析——以"知乎"为例．情报科学，35（5）：69-74.

陈晓美，高铖，关心惠．2015．网络舆情观点提取的 LDA 主题模型方法．图书情报工作，59（21）：21-26.

陈烨，王乐，陈天雨，等．2021．基于社会网络分析的社会化问答平台用户画像研究．情报学报，40（4）：414-423.

陈志明，胡震云．2017．UGC 网站用户画像研究．计算机系统应用，26（1）：24-30.

邓胜利，刘瑾．2016．基于文本挖掘的问答社区健康信息行为研究——以"百度知道"为例．信息资源管理学报，6（3）：25-33.

刁宇峰，杨亮，林鸿飞．2011．基于 LDA 模型的博客垃圾评论发现．中文信息学报，25（1）：41-47.

范晓燕．2007．赢在用户：Web 任务角色创建和应用实践指南．北京：机械工业出版社.

费洪晓，戴弋，穆珺，等．2008．基于优化时间窗的用户兴趣漂移方法．计算机工程，34（16）：210-211.

费鹏，林鸿飞，杨亮，等．2018．一种用于构建用户画像的多视角融合框架．计算机科学，45（1）：179-182，204.

冯龄萱，魏群义．2021．高校移动图书馆流失用户画像模型构建．国家图书馆学刊，30（1）：14-24.

冯秋燕，朱学芳．2019．社交媒体用户价值画像建模与应用研究．情报资料工作，40（6）：73-80.

关鹏，王曰芬．2015．基于 LDA 主题模型和生命周期理论的科学文献主题挖掘．情报学报，34（3）：286-299.

郭光明．2017．基于社交大数据的用户信用画像方法研究．合肥：中国科学技术大学博士学位论文．

过仕明．2019．数字图书馆用户画像及场景重构研究．情报科学，37（12）：11-18.

韩梅花，赵景秀．2017．基于"用户画像"的阅读疗法模式研究——以抑郁症为例．大学图书馆学报，35（6）：105-110.

洪亮，任秋圜，梁树贤．2016．国内电子商务网站推荐系统信息服务质量比较研究——以淘宝、京东、亚马逊为例．图书情报工作，60（23）：97-110.

胡吉明，陈果．2014．基于动态LDA主题模型的内容主题挖掘与演化．图书情报工作，58（2）：138-142.

胡守伟．2017．社会化问答平台用户持续使用意愿影响因素研究．合肥：安徽大学硕士学位论文．

黄发良，冯时，王大玲，等．2017．基于多特征融合的微博主题情感挖掘．计算机学报，40（4）：102-118.

黄鲁成，蒋林杉，苗红，等．2016．基于网络问答社区的话题识别与分析——以知乎"老年人"话题为例．图书情报工作，60（5）：93-100.

黄梦婷，张鹏翼．2015．社会化问答社区的协作方式与效果研究：以知乎为例．图书情报工作，59（12）：85-92.

黄文彬，徐山川，吴家辉，等．2016．移动用户画像构建研究．现代情报，36（10）：54-61.

江勇威．2016．感知利益对社会化问答社区用户持续使用意愿的影响机制——基于关系维持双元模型的实证研究．广州：暨南大学硕士学位论文．

姜建武，李景文，陆妍玲，等．2016．基于用户画像的信息智能推送方法．微型机与应用，35（23）：86-89.

蒋楠，王鹏程．2012．社会化问答服务中用户需求与信息内容的相关性评价研究——以"百度知道"为例．信息资源管理学报，2（3）：35-45.

金碧漪，许鑫．2014．社会化问答社区中糖尿病健康信息的需求分析．中华医学图书情报杂志，23（12）：37-42.

金碧漪，许鑫．2015．网络健康社区中的主题特征研究．图书情报工作，59（12）：100-105.

金家华．2015．社会化问答社区中用户知识行为的影响因素研究．哈尔滨：哈尔滨工业大学博士学位论文．

李晓敏，熊回香，杜瑾，等．2021．智慧图书馆中基于用户画像的图书推荐研究．情报科学，39（7）：15-22.

李映坤．2016．大数据背景下用户画像的统计方法实践研究．北京：首都经济贸易大学硕士学位论文．

林燕霞，谢湘生．2018．基于社会认同理论的微博群体用户画像．情报理论与实践，41（3）：142-148.

刘蓓琳，张琪．2017．基于购买决策过程的电子商务用户画像应用研究．商业时代，36（24）：49-51.

刘静, 安璐. 2020. 突发公共卫生事件中社交媒体用户应急信息搜寻行为画像研究. 情报理论
与实践, 43 (11): 8-15.

刘军. 2014. 整体网分析: UCINET 软件实用指南. 第二版. 上海: 格致出版社, 上海人民出
版社.

刘速. 2017. 浅议数字图书馆知识发现系统中的用户画像——以天津图书馆为例. 图书馆理论
与实践, 39 (6): 103-106.

刘亚君, 兰小筠. 2011. 国外网络健康信息用户研究进展及启示. 中华医学图书情报杂志,
20 (7): 38-41.

刘勇, 吴翔宇, 解本巨. 2018. 基于动态用户画像的信息推荐研究. 计算机系统应用, 27 (6):
236-239.

刘雨农, 刘敏榕. 2017. 社会化问答平台的社区网络形态与意见领袖特征——以知乎网为例.
情报资料工作, 38 (2): 106-112.

吕韶华, 杨亮, 林鸿飞. 2011. 基于 LDA 模型的餐馆评论排序. 计算机工程, 37 (19): 62-64.

罗辉停. 2012. 基于 CRP 模型的评论热点挖掘研究修正版. 技术与创新管理, 33 (2):
166-169.

罗慧, 蹇兴亮, 卢伟. 2014. 基于动态蚁群算法的模拟电路最优测点选择. 仪器仪表学报,
(10): 2231-2237.

骆卫华, 于满泉, 许洪波, 等. 2005. 基于多策略优化的分治多层聚类算法的话题发现研究//
李宇明, 董振东. 全国第八届计算语言学联合学术会议. 南京: CNKI.

马超. 2017. 基于主题模型的社交网络用户画像分析方法. 合肥: 中国科学技术大学硕士学位
论文.

孟巍, 吴雪霞, 李静, 等. 2017. 基于大数据技术的电力用户画像. 电信科学, 62 (S1):
15-20.

牛温佳, 刘吉强, 石川, 等. 2016. 用户网络行为画像. 北京: 电子工业出版社.

邱雪. 2017. 基于移动数据的用户语义画像及可视化. 北京: 北京邮电大学硕士学位论文.

饶璇. 2017. 基于留存与流失用户画像提升用户研究的效果. 武汉: 华中师范大学硕士学位论文.

阮光册. 2014. 基于 LDA 的网络评论主题发现研究. 情报杂志, 33 (3): 161-164.

沈键, 杨煜普. 2013. 基于滚动时间窗的动态协同过滤推荐模型及算法. 计算机科学, 40 (2):
206-209.

单晓红, 张晓月, 刘晓燕. 2018. 基于在线评论的用户画像研究——以携程酒店为例. 情报理
论与实践, 41 (1): 99-104.

盛姝, 黄奇, 郑姝雅, 等. 2021. 在线健康社区中用户画像及主题特征分布下信息需求研
究——以医享网结直肠癌圈数据为例. 情报学报, 40 (3): 308-320.

宋文丹. 2015. 社会化问答社区的社会网络分析——以"知乎"为例. 成都: 西南交通大学硕
士学位论文.

唐晓波, 向坤. 2014. 基于 LDA 模型和微博热度的热点挖掘. 图书情报工作, 58 (5): 58-63.

唐晓波，谢力．2016．基于主题的用户兴趣模型的构建及动态更新．情报理论与实践，39（2）：116-123.

特里·F. 小约翰．2011．心理学经典读本．第四版．吴国宏，李超白，林婧婧，译．上海：复旦大学出版社．

童楠楠，朝乐门．2017．大数据时代下数据管理理念的变革——从结果派到过程派．情报理论与实践，40（2）：60-65.

汪强兵，章成志．2017．融合内容与用户手势行为的用户画像构建系统设计与实现．现代图书情报技术，33（2）：80-86.

汪小帆，李翔，陈关荣．2012．网络科学导论．北京：高等教育出版社．

王丹．2016．基于主题模型的用户画像提取算法研究．北京：北京工业大学硕士学位论文．

王凌霄，沈卓，李艳．2018．社会化问答社区用户画像构建．情报理论与实践，41（1）：129-134.

王智囊．2016．基于用户画像的医疗信息精准推荐的研究．成都：电子科技大学硕士学位论文．

魏明珠，张海涛，刘雅姝，等．2019．多维属性融合的社交媒体高影响力人物画像研究．图书情报知识，37（5）：73-79，100.

吴丹，刘媛，王少成．2011．中英文网络问答社区比较研究与评价实验．现代图书情报技术，27（1）：74-82.

吴瑞．2007．基于模糊模拟的加权偏爱浏览模式的挖掘．计算机工程与应用，43（11）：135-137.

徐戈，王厚峰．2011．自然语言处理中主题模型的发展．计算机学报，34（8）：1423-1436.

徐琳宏，林鸿飞，潘宇，等．2008．情感词汇本体的构造．情报学报，27（2）：180-185.

杨斯崀．2014．基于主题相关性的社交问答系统个性化专家排序算法的研究．北京：北京交通大学硕士学位论文．

杨旭，朱振峰，徐美香，等．2018．多视角数据缺失补全．软件学报，29（4）：945-956.

杨志博．2016．社会化问答网站知识共享影响因素及其交互作用研究．合肥：中国科学技术大学硕士学位论文．

于洪，李转运．2010．基于遗忘曲线的协同过滤推荐算法．南京大学学报（自然科学），46（5）：520-527.

曾建勋．2017．精准服务需要用户画像．数字图书馆论坛，12（12）：1.

曾子明，孙守强．2020．基于用户画像的智慧图书馆个性化移动视觉搜索研究．图书与情报，39（4）：84-91.

战学刚，王晓．2016．基于LDA的问答网站话题抽取算法．计算机应用与软件，33（4）：95-98.

张晨逸，孙建伶，丁轶群．2011．基于MB-LDA模型的微博主题挖掘．计算机研究与发展，48（10）：1795-1802.

张海涛, 崔阳, 王丹, 等. 2018. 基于概念格的在线健康社区用户画像研究 [J]. 情报学报, 37 (9): 56-66.

张小可, 沈文明, 杜翠凤. 2016. 贝叶斯网络在用户画像构建中的研究. 移动通信, 40 (22): 22-26.

张哲. 2015. 基于微博数据的用户画像系统的设计与实现. 武汉: 华中科技大学硕士学位论文.

赵海平, 邓胜利. 2016. 基于社会化问答平台的用户健康信息行为研究综述. 信息资源管理学报, 6 (4): 19-27.

郑诚, 吴文岫, 代宁. 2016. 融合 BTM 主题特征的短文本分类方法. 计算机工程与应用, 52 (13): 95-100.

钟雪燕, 李春英, 陈智军, 等. 2018. 具有多通道可重构数字下变频系统. 电子器件, (2): 400-404.

祝娜, 王效岳, 杨京, 等. 2015. 基于 LDA 的科技创新主题语义识别研究. 图书情报工作, 59 (14): 126-134.

Albert R, Jeong H, Barabási A L. 1999. Internet: Diameter of the World-Wide Web. Nature, 401 (6): 130-131.

Aless R B, Moschitti A, Pazienza M T. 1999. A Text Classifier Based on Linguistic Processing//Proceedings of the 16th International Joint Conference on Artificial Intelligence. San Francisco: Morgan Kaufmann Publishers.

Barabási A L, Albert R. 1999. Emergence of scaling in random networks. Science, 286 (5439): 509-512.

Bashir S, Razzag S, Magbool U, et al. 2009. Using Association Rules for Better Treatment of Missing Values. Optics Express, 17 (26): 24-33.

Billsus D, Pazzani M J. 2000. User modeling for adaptive news access. User Modeling and User-adapted Interaction, 10 (2-3): 147-180.

Blank T O, Schmidt S D, Vangsness S A, et al. 2010. Differences among breast and prostate cancer online support groups. Computers in Human Behavior, 26 (6): 1400-1404.

Blei D M, Ng A Y, Jordan M I. 2003. Latent dirichlet allocatio. Journal of Machine Learning Research, 3 (1): 993-1022.

Bollobás B, Riordan O. 2004. The diameter of a scale-free random graph. Combinatorica, 24 (1): 5-34.

Bowler L, Mattern E, Wei J, et al. 2013. I know what you are going through: Answers to informational questions about eating disorders in Yahoo! Answers: A qualitative study//Alemneh D G, Carbo T, Caidi N, et al. Proceedings of the American Society for Information Science and Technology. Maryland: Springer Press.

Bowler L, Oh J S, He D, et al. 2012. Eating disorder questions in Yahoo! Answers: Information, conversation, or reflection//Alemneh D G, Carbo T, Caidi N, et al. Proceedings of the American Society for Information Science and Technology. Maryland: Springer Press.

Candès E J, Recht B. 2009. Exact Matrix Completion via Convex Optimization. Foundations of Computational Mathematics, 9 (6): 717-772.

Cao J, Xia T, Li J, et al. 2009. A density-based method for adaptive LDA model selection. Neurocomputing, 72 (7-9): 1775-1781.

Carman M J, Baillie M, Crestani F. 2008. Tag data and personalized information retrieval//Soboroff I, Agichtein E, Kumar R. Proceedings of the 2008 ACM workshop on Search in social media. New York: Association for Computing Machinery.

Chiu C M, Hsu M H, Wang E T. 2006. Understanding knowledge sharing in virtual communities: An integration of social capital and social cognitive theories. Decision Support Systems, 42 (3): 1872-1888.

Cho S H, Kang H B. 2012. Statistical text analysis and sentiment classification in social media//Proceedings of The IEEE International Conference on Systems, Man, and Cybernetics. New York: IEEE.

Choi E, Shah C. 2017. Asking for more than an answer: What do askers expect in online Q&A services. Journal of Information Science, 43 (3): 424-435.

Clauset A, Shalizi C R, Newman M E J. 2012. Power-law distributions in empirical data. Siam Review, 51 (4): 661-703.

Cooper A. 2004. The inmates are running the asylum: Why high-tech products drive us crazy and how to restore the sanity. Indianapolis: Sams Publishing.

Craig S. 2018. 12 interesting Quora statistic and facts. https://expandedramblings.com/index.php/quora-statistics [2018-04-20].

Duwairi R, El-Orfali M. 2014. A study of the effects of preprocessing strategies on sentiment analysis for Arabic text. Journal of Information Science, 40 (4): 501-513.

Erdös P, Rényi A. 1959. On random graphs I. Publicationes Mathematicae, 37 (4): 3286-3291.

Erdös P, Rényi A. 1964. On the strength of connectedness of a random graph. Acta Mathematica Academiae Scientiarum Hungarica, 12 (1-2): 261-267.

Erdös P, Rényi A. 1984. On the evolution of random graphs. Transactions of the American Mathematical Society, 286 (1): 257-274.

Farnadi G, Tang J, de Cock M, et al. 2018. User Profiling through Deep Multimodal Fusion//Chang Y, Zhai C. Proceedings of the Eleventh ACM International Conference on Web Search and Data Mining. New York: Association for Computing Machinery.

Fox S. 2014. The social life of health information. http://www.pewresearch.org/fact-tank/2014/01/15/the-social-life-of-health-information [2017-06-28].

Gorla J, Lathia N, Robertson S, et al. 2013. Probabilistic Group Recommendation via Information

Matching//Schwabe D, Almeida V, Glaser H, et al. Proceedings of the 22nd International Conference on World Wide Web. New York: Association for Computing Machinery.

Griffiths T L, Steyvers M. 2004. Finding scientific topics//Bersier L F, Sugihara G. Proceedings of the National Academy of Sciences of the United States of America. Washington: National Academy of Sciences.

Haken H. 1983. Advanced Synergetics: Instability Hierarchies of Self-organizing Systems and Devices. New York: Springer-Verlag.

Hofmann T. 1999. Probabilistic latent semantic indexing//Gey F, Hearst M, Tong R. Proceedings of the 22nd annual International ACM SIGIR Conference on Research and Development in Information Retrieval. New York: Association for Computing Machinery.

Hsu M H, Ju T L, Yen C H, et al. 2007. Knowledge sharing behavior in virtual communities: The relationship between trust, self-efficacy, and outcome expectations. International Journal of Human-computer Studies, 65 (2): 153-169.

iSchool. 2014. Charter of iSchool. http: //ischools. org/about/charter [2017-08-25].

Jin J, Zhong H, Li X J, et al. 2015. Why users contribute knowledge to online communities: An empirical study of an online social Q&A community. Information & Management, 52 (7): 840-849.

Junior P T A, Filgueiras L V L. 2005. User modeling with personas//Baranauskas M C C, Ibarra O M. Proceedings of the 2005 Latin American conference on Humancomputer Interaction. New York: Association for Computing Machinery.

Kantardzic M. 2011. Data Mining: Concepts, Models, Methods, and Algorithms. 2nd Edition. Hoboken: Wiley-IEEE Press.

Kim E H J, Jeony Y K, Kim Y, et al. 2016. Topic-based content and sentiment analysis of Ebola virus on Twitter and in the news. Journal of Information Science, 42 (6): 763-781.

Kim S, Oh J S, Oh S. 2007. Best-answer selection criteria in a social Q&A site from the user-oriented relevance perspective//Proceedings of the 70th American Society for Information Science and Technology. Maryland: Springer Press.

Kochen S, Specker E P. 1990. The Problem of Hidden Variables in Quantum Mechanics. Review of Modern Physics, 5a (3): 293-328.

Koychev I, Schwab I. 2000. Adaptation to drifting user's interests//Proceedings of ECML2000 Workshop: Machine Learning in New Information Age. New York: ACM.

Lerouge C, Ma J, Sneha S, et al. 2013. User profiles and personas in the design and development of consumer health technologies. International Journal of Medical Informatics, 82 (11): e251-e268.

Li R, Zhang W, Su H I, et al. 2014. Deep Learning Based Imaging Data Completion for Improved Brain Disease Diagnosis. Medical Image Computing and Computer Assisted Intervention, 17 (3): 305-312.

Little R J A, Rubin D B. 2002. Statistical Analysis with Missing Data. 2nd Edition. Hoboken: Wiley-IEEE Press.

Liu Q, Kai N, He Z, et al. 2013. Microblog User Interest Modeling Based on Feature Propagation// The 6th International Symposium on Computational Intelligence & Design. New York: IEEE.

Maloof M A, Michalski R S. 2000. Selecting examples for partial memory learning. Machine Learning, 41 (1): 27-52.

Maslow A H. 1943. A theory of human motivation. Psychological Review, 50 (1): 370-396.

Maslow A H. 1987. Motivation and personality. Quarterly Review of Biology, 43 (1): 187-202.

Morris M R, Teevan J, Panovich K. 2010a. A comparison of information seeking using search engines and social networks//Cohen W W, Gosling S. Proceedings of the Fourth International Conference on Weblogs and Social Media. International AAAI Conference on Weblogs and Social Media. Washington: the AAAI Press.

Morris M R, Teevan J, Panovich K. 2010b. What do people ask their social networks, and why? Asurvey study of status message Q&A behavior//Mynatt E, et al. Proceedings of the SIGCHI Conference on Human Factors in Computing Systems. New York: Association for Computing Machinery.

Newman M E J, Watts D J. 1999a. Renormalization group analysis of the small-world network model. Physical Letters A, 263 (4-6): 341-346.

Newman M E J, Watts D J. 1999b. Scaling and percolation in the small-world network model. Physical Review E, 60 (6): 7332-7342.

Nielsen L, Hansen K S. 2014. Personas is applicable: A study on the use of personas in Denmark// Jones M, et al. Proceedings of the SIGCHI Conference on Human Factors in Computing Systems. New York: Association for Computing Machinery.

Oh J S, He D, Wei J, et al. 2013. Linguistic characteristics of eating disorder questions on Yahoo! Answers - content, style, and emotion//Alemneh D G, Carbo T, Caidi N, et al. Proceedings of the American Society for Information Science and Technology. Maryland: Springer Press.

Oh S, Yan Z, Min S P. 2012. Health information needs on diseases: A coding schema development for analyzing health questions in social Q&A//Proceedings of the American Society for Information Science and Technology. Maryland: Springer Press.

Oh S, Zhang Y, Park M. 2016. Cancer information seeking in social Q&A: Identifying health-related topics in cancer questions on Yahoo! Answers. Information Research, 21 (3): 1-10.

Oh S. 2012. The characteristics and motivations of health answerers for sharing information, knowledge, and experiences in online environments. Journal of the American Society for Information Science and Technology, 63 (3): 543-557.

Price D D S. 1965. Networks of scientific papers. Science, 149 (3683): 510-515.

Price D D S. 1976. A general theory of bibliometric and other cumulative advantage processes. Journal of the American Society for Information Science, 27 (5): 292-306.

Putnam C, Kolko B, Wood S. 2012. Communicating about users in ICTD: leveraging HCI personas// Best M L, et al. Proceedings of the 5th International Conference on Information and Communication Technologies and Development. New York: Association for Computing Machinery.

Quiroga L M, Mostafa J. 1999. Empirical evaluation of explicit versus implicit acquisition of user profiles in information filtering systems//Rowe N, Fox E A. Proceedings of the 4th ACM conference on Digital libraries. New York: Association for Computing Machinery.

Reformat M, Golmohammadi S K. 2009. Updating User Profile Using Ontology-Based Semantic Similarity//Proceedings of the 18th international conference on Fuzzy Systems. Jeju Island: IEEE.

Shah C, Oh S, Oh J S. 2009. Research agenda for social Q&A. Library & Information Science Research, 31 (4): 205-209.

Shaw R J, Johnson C M. 2011. Health information seeking and social media use on the Internet among people with diabetes. Online Journal of Public Health Informatics, 3 (1): 1-9.

Shen H, Li Z, Liu J, et al. 2015. Knowledge sharing in the online social network of Yahoo! Answers and its implications. IEEE Transactions on Computers, 64 (6): 1715-1728.

Sun S Y, Ju T L, Chumg H F, et al. 2009. Influence on willingness of virtual community's knowledge sharing: based on social capital theory and habitual domain. World Academy of Science, Engineering and Technology, 5 (3): 142-149.

Syn S Y, Oh S. 2011. Web resource selection behavior patterns of social media users in health: A comparison of Yahoo! Answers and delicious//Proceedings of the American Society for Information Science and Technology. Maryland: Springer Press.

Sánchez P, Bellogín A. 2019. Building User Profiles Based on Sequences for Content and Collaborative Filtering. Information Processing & Management, 56 (1): 192-211.

Takita M, Naziruddin B, Matsumoto S, et al. 2012. Expectation-Propogation for the generative aspect model. Computer Science, 235 (11): 3257-3269.

Tang D, Qin B, Yang Y, et al. 2015. User modeling with neural network for review rating prediction// Yang Q, Wooldridge M. International Conference on Artificial Intelligence. New York: AAAI Press.

Taylor R S. 1962. The process of asking questions. Journal of the Association for Information Science and Technology, 13 (4): 391-396.

Teevan J, Dumais S T, Horvitz E. 2005. Personalizing search via automated analysis of interests and activities//Baeza R, et al. Proceedings of the 28th Annual International ACM SIGIR Conference on Research and Development in Information Retrieval. New York: ACM.

Tsuya A, Sugawara Y, Tanaka A, et al. 2014. Do cancer patients tweet? Examining the Twitter use of cancer patients in Japan. Journal of Medical Internet Research, 16 (5): e137.

Valero A B, Bermúdez T C, García G J F, et al. 2014. Information needs and Internet use in urological and breast cancer patients. Supportive Care in Cancer, 22 (2): 545-552.

Velden M V D, Takane Y . 2012. Generalized canonical correlation analysis with missing values. Computational Statistics, 27 (3): 551-571.

Wang H, Tu Z, Fu Y, et al. 2021. Time-aware user profiling from personal service ecosystem. Neural Computing and Applications, 33 (8): 3597-3619.

Wang W, Zhang G, Lu J. 2016. Member contribution- based group recommender system. Decision Support Systems, 87: 80-93.

Watts D J, Strogatz S H. 1998. Collective dynamics of 'small- world' networks. Nature, 393 (6684): 440-442.

Wetzker R, Zimmermann C, Bauckhage C, et al. 2010. I tag, you tag: Translating tags for advanced user models//Davison B S, et al. Proceedings of the 3rd ACM International Conference on Web Search and Data Mining. New York: ACM.

WHO. 2017. Noncommunicable Diseases. http://www. who. int/mediacentre/factsheets/fs355/en/ [2018-01-20].

Widmer G, Kubat M. 1996. Learning in the presence of concept drift and hidden contexts. Machine Learning, 23 (1): 69-101.

Wu CH , Wun C H , Chou H J . 2004. Using Association Rules for Completing Missing Data//The 4th International Conference on Hybrid Intelligent Systems. New York: IEEE.

Wu D, Zhao D, Zhang X. 2008. An adaptive user profile based on memory model//Processdings of the 9th International Conference on Web- Age Information Management. New York: IEEE.

Yan X, Guo J, Lan Y, et al. 2013. A biterm topic model for short texts//Schwane D, et al. Proceedings of the 22nd International Conference on World Wide Web. New York: ACM.

Zhang J, Zhao Y, Dimitroff A. 2014. A study on health care consumers' diabetes term usage across identified categories. Aslib Journal of Information Management, 66 (4): 443-463.

Zhang J, Zhao Y. 2013. A user term visualization analysis based on a social question and answer log. Information Processing & Management, 49 (5): 1019-1048.

Zhang Y. 2010. Contextualizing consumer health information searching: an analysis of questions in a social Q&A community//Veinot T, et al. Proceedings of the 1st ACM International Health Informatics Symposium. New York: ACM.

附　　录

附录 A　高血压主题下的主题特征向量

附录 A-1　主题 0~9 的特征向量（2017 年 7 月）

主题号	词汇号	权重	词汇	主题号	词汇号	权重	词汇
0	9	2.81×10^{-2}	pressure	2	247	1.88×10^{-2}	weight
	8	2.77×10^{-2}	blood		34	1.86×10^{-2}	normal
	7	2.26×10^{-2}	high		9	1.72×10^{-2}	pressure
	19	8.94×10^{-3}	low		8	1.40×10^{-2}	blood
	37	6.56×10^{-3}	medicine		450	1.34×10^{-2}	overweight
	39	6.16×10^{-3}	hypertension		279	1.26×10^{-2}	walk
	45	5.85×10^{-3}	people		196	1.20×10^{-2}	percentage
	58	5.73×10^{-3}	cause		199	1.08×10^{-2}	height
	23	5.42×10^{-3}	reduce		112	1.03×10^{-2}	change
	95	5.39×10^{-3}	health		165	1.02×10^{-2}	daily
1	39	2.59×10^{-2}	hypertension	3	39	6.91×10^{-2}	hypertension
	208	2.05×10^{-2}	problem		50	2.36×10^{-2}	treat
	37	1.85×10^{-2}	medicine		113	2.16×10^{-2}	pulmonary
	243	1.70×10^{-2}	know		58	1.70×10^{-2}	cause
	95	1.57×10^{-2}	health		59	1.50×10^{-2}	patient
	231	1.29×10^{-2}	pill		161	1.38×10^{-2}	arterial
	172	1.27×10^{-2}	start		133	1.09×10^{-2}	way
	38	1.13×10^{-2}	diabetes		49	9.55×10^{-3}	disease
	274	1.07×10^{-2}	age		332	9.54×10^{-3}	artery
	99	1.03×10^{-2}	diagnose		675	9.44×10^{-3}	deny

续表

主题号	词汇号	权重	词汇	主题号	词汇号	权重	词汇
4	469	3.12×10^{-2}	leg	7	9	2.76×10^{-2}	pressure
	9	2.44×10^{-2}	pressure		8	2.76×10^{-2}	blood
	8	2.35×10^{-2}	blood		19	1.58×10^{-2}	low
	34	2.15×10^{-2}	normal		34	1.32×10^{-2}	normal
	58	2.02×10^{-2}	cause		20	1.30×10^{-2}	heart
	213	2.00×10^{-2}	feel		148	1.22×10^{-2}	drop
	80	1.89×10^{-2}	anxiety		158	1.07×10^{-2}	rate
	712	1.71×10^{-2}	cross		152	9.79×10^{-3}	time
	184	1.68×10^{-2}	rise		46	8.49×10^{-3}	doctor
	713	1.57×10^{-2}	knee		213	7.60×10^{-3}	feel
5	35	3.43×10^{-2}	measure	8	7	3.07×10^{-2}	high
	9	3.21×10^{-2}	pressure		8	3.01×10^{-2}	blood
	8	3.08×10^{-2}	blood		9	2.98×10^{-2}	pressure
	81	2.38×10^{-2}	monitor		30	1.73×10^{-2}	sugar
	211	2.00×10^{-2}	device		19	1.71×10^{-2}	low
	24	1.52×10^{-2}	good		123	1.41×10^{-2}	due
	41	1.35×10^{-2}	use		31	1.32×10^{-2}	level
	117	1.18×10^{-2}	accurate		47	1.09×10^{-2}	suffer
	119	1.15×10^{-2}	home		202	9.89×10^{-3}	help
	140	1.14×10^{-2}	digital		474	9.74×10^{-3}	father
6	386	2.84×10^{-2}	pain	9	182	2.78×10^{-2}	minute
	20	2.72×10^{-2}	heart		48	2.71×10^{-2}	controll
	269	2.58×10^{-2}	chest		494	2.58×10^{-2}	enough
	427	2.28×10^{-2}	beat		37	2.51×10^{-2}	medicine
	9	2.00×10^{-2}	pressure		160	2.03×10^{-2}	white
	8	1.92×10^{-2}	blood		60	1.97×10^{-2}	exercise
	7	1.52×10^{-2}	high		479	1.74×10^{-2}	spot
	130	1.27×10^{-2}	worse		41	1.71×10^{-2}	use
	453	1.27×10^{-2}	prescribed		420	1.63×10^{-2}	hand
	668	1.19×10^{-2}	nexium		495	1.61×10^{-2}	improve

附录 A-2 主题 10～19 的特征向量（2017 年 7 月）

主题号	词汇号	权重	词汇	主题号	词汇号	权重	词汇
10	37	1.97×10^{-2}	medicine	13	8	2.50×10^{-2}	blood
	7	1.88×10^{-2}	high		9	2.16×10^{-2}	pressure
	14	1.63×10^{-2}	bp		7	1.93×10^{-2}	high
	9	1.58×10^{-2}	pressure		586	1.46×10^{-2}	morning
	8	1.57×10^{-2}	blood		122	1.20×10^{-2}	eat
	34	1.34×10^{-2}	normal		24	1.16×10^{-2}	good
	152	1.33×10^{-2}	time		217	1.10×10^{-2}	night
	165	1.31×10^{-2}	daily		365	1.02×10^{-2}	raw
	171	1.20×10^{-2}	old		576	1.00×10^{-2}	peanut
	46	1.14×10^{-2}	doctor		173	9.99×10^{-3}	yoga
11	72	4.01×10^{-2}	systolic	14	8	3.25×10^{-2}	blood
	157	3.60×10^{-2}	diastolic		9	3.19×10^{-2}	pressure
	9	3.50×10^{-2}	pressure		86	2.03×10^{-2}	increase
	8	3.16×10^{-2}	blood		69	1.86×10^{-2}	drink
	283	2.12×10^{-2}	pulse		203	1.72×10^{-2}	coffee
	19	1.78×10^{-2}	low		122	1.11×10^{-2}	eat
	217	1.30×10^{-2}	night		19	1.04×10^{-2}	low
	7	1.22×10^{-2}	high		7	1.02×10^{-2}	high
	654	9.10×10^{-3}	finding		58	9.42×10^{-3}	cause
	95	8.93×10^{-3}	health		215	8.61×10^{-3}	brain
12	0	1.92×10^{-1}	bad	15	247	3.04×10^{-2}	weight
	129	7.92×10^{-4}	salt		1	2.56×10^{-2}	cardiologist
	643	5.91×10^{-4}	relative		14	2.13×10^{-2}	bp
	7	5.52×10^{-4}	high		5	2.06×10^{-2}	aorta
	689	5.36×10^{-4}	unhealthy		4	2.01×10^{-2}	stent
	3	4.52×10^{-4}	weed		214	1.97×10^{-2}	heavy
	30	4.11×10^{-4}	sugar		7	1.84×10^{-2}	high
	39	3.79×10^{-4}	hypertension		573	1.73×10^{-2}	lift
	24	3.28×10^{-4}	good		13	1.45×10^{-2}	afraid
	180	2.44×10^{-4}	sport		439	1.36×10^{-2}	fine

主题号	词汇号	权重	词汇	主题号	词汇号	权重	词汇
16	9	3.15×10^{-2}	pressure	18	8	2.95×10^{-2}	blood
	86	2.97×10^{-2}	increase		9	2.85×10^{-2}	pressure
	8	2.50×10^{-2}	blood		20	2.77×10^{-2}	heart
	129	2.02×10^{-2}	salt		7	2.30×10^{-2}	high
	70	1.64×10^{-2}	water		158	2.24×10^{-2}	rate
	58	1.53×10^{-2}	cause		45	1.65×10^{-2}	people
	7	1.47×10^{-2}	high		361	1.38×10^{-2}	attack
	19	1.33×10^{-2}	low		19	1.33×10^{-2}	low
	14	1.17×10^{-2}	bp		185	1.13×10^{-2}	risk
	194	9.03×10^{-3}	gas		450	1.04×10^{-2}	overweight
17	9	3.14×10^{-2}	pressure	19	714	5.42×10^{-2}	thin
	8	3.08×10^{-2}	blood		536	5.35×10^{-2}	surgery
	421	1.69×10^{-2}	watch		193	3.96×10^{-2}	property
	41	1.66×10^{-2}	use		610	2.29×10^{-2}	diphenhydramine
	205	1.57×10^{-2}	stress		258	2.26×10^{-2}	vein
	35	1.52×10^{-2}	measure		176	2.25×10^{-2}	lung
	338	1.39×10^{-2}	employee		733	2.24×10^{-2}	ibuprofen
	166	1.11×10^{-2}	show		77	2.22×10^{-2}	clonidine
	458	1.08×10^{-2}	chip		367	2.20×10^{-2}	adult
	243	1.08×10^{-2}	know		78	2.20×10^{-2}	case

附录 A-3 主题 0~9 的特征向量（2018 年 1 月）

主题号	词汇号	权重	词汇	主题号	词汇号	权重	词汇
0	0	1.87×10^{-1}	bad	1	39	6.21×10^{-2}	hypertension
	98	4.09×10^{-3}	work		113	2.30×10^{-2}	pulmonary
	208	3.36×10^{-3}	problem		58	2.11×10^{-2}	cause
	95	3.01×10^{-3}	health		161	1.55×10^{-2}	arterial
	24	2.85×10^{-3}	good		50	1.38×10^{-2}	treat
	205	2.63×10^{-3}	stress		215	1.11×10^{-2}	brain
	648	2.06×10^{-3}	partner		59	9.88×10^{-3}	patient
	243	1.97×10^{-3}	know		675	9.08×10^{-3}	deny
	53	1.93×10^{-3}	condition		76	8.19×10^{-3}	essential
	649	1.83×10^{-3}	sense		669	7.89×10^{-3}	local

续表

主题号	词汇号	权重	词汇	主题号	词汇号	权重	词汇
2	9	2.45×10^{-2}	pressure	5	39	2.62×10^{-2}	hypertension
	72	2.41×10^{-2}	systolic		37	1.83×10^{-2}	medicine
	8	2.22×10^{-2}	blood		14	1.51×10^{-2}	bp
	157	1.83×10^{-2}	diastolic		25	1.33×10^{-2}	drug
	34	1.61×10^{-2}	normal		28	1.28×10^{-2}	effect
	7	1.42×10^{-2}	high		2	1.21×10^{-2}	smoke
	45	1.16×10^{-2}	people		41	1.13×10^{-2}	use
	168	1.11×10^{-2}	hg		1	1.05×10^{-2}	cardiologist
	633	9.55×10^{-3}	mm		3	9.49×10^{-3}	weed
	14	9.08×10^{-3}	bp		252	9.27×10^{-3}	angiotensin
3	247	2.91×10^{-2}	weight	6	8	1.93×10^{-2}	blood
	9	1.51×10^{-2}	pressure		9	1.85×10^{-2}	pressure
	7	1.25×10^{-2}	high		39	1.46×10^{-2}	hypertension
	450	1.23×10^{-2}	overweight		7	1.25×10^{-2}	high
	34	1.20×10^{-2}	normal		95	1.06×10^{-2}	health
	8	1.12×10^{-2}	blood		37	1.04×10^{-2}	medicine
	60	1.09×10^{-2}	exercise		45	7.50×10^{-3}	people
	573	9.73×10^{-3}	lift		127	6.94×10^{-3}	long
	392	9.02×10^{-3}	training		172	6.82×10^{-3}	start
	199	8.67×10^{-3}	height		274	6.80×10^{-3}	age
4	8	2.76×10^{-2}	blood	7	8	2.52×10^{-2}	blood
	9	2.47×10^{-2}	pressure		9	2.41×10^{-2}	pressure
	7	2.01×10^{-2}	high		7	2.23×10^{-2}	high
	129	1.96×10^{-2}	salt		37	1.60×10^{-2}	medicine
	70	1.54×10^{-2}	water		58	9.28×10^{-3}	cause
	69	1.21×10^{-2}	drink		80	7.69×10^{-3}	anxiety
	86	1.20×10^{-2}	increase		243	7.54×10^{-3}	know
	45	1.08×10^{-2}	people		19	6.87×10^{-3}	low
	14	9.80×10^{-3}	bp		171	6.57×10^{-3}	old
	28	8.37×10^{-3}	effect		45	5.99×10^{-3}	people

主题号	词汇号	权重	词汇	主题号	词汇号	权重	词汇
8	8	3.12×10^{-2}	blood	9	8	3.49×10^{-2}	blood
	35	3.05×10^{-2}	measure		9	3.35×10^{-2}	pressure
	9	2.96×10^{-2}	pressure		7	2.76×10^{-2}	high
	81	1.99×10^{-2}	monitor		19	2.14×10^{-2}	low
	41	1.58×10^{-2}	use		24	8.88×10^{-3}	good
	211	1.54×10^{-2}	device		59	8.31×10^{-3}	patient
	311	1.25×10^{-2}	arm		202	8.07×10^{-3}	help
	119	1.05×10^{-2}	home		50	7.43×10^{-3}	treat
	24	1.03×10^{-2}	good		28	7.28×10^{-3}	effect
	117	1.00×10^{-2}	accurate		30	6.32×10^{-3}	sugar

附录 A-4 主题 10~19 的特征向量（2018 年 1 月）

主题号	词汇号	权重	词汇	主题号	词汇号	权重	词汇
10	9	3.22×10^{-2}	pressure	12	8	2.80×10^{-2}	blood
	8	2.95×10^{-2}	blood		9	2.59×10^{-2}	pressure
	469	2.02×10^{-2}	leg		7	2.54×10^{-2}	high
	332	1.52×10^{-2}	artery		397	1.60×10^{-2}	stroke
	58	1.30×10^{-2}	cause		185	1.29×10^{-2}	risk
	7	1.29×10^{-2}	high		123	1.28×10^{-2}	due
	72	1.15×10^{-2}	systolic		86	9.45×10^{-3}	increase
	157	1.05×10^{-2}	diastolic		47	9.43×10^{-3}	suffer
	184	8.75×10^{-3}	rise		45	8.13×10^{-3}	people
	213	8.60×10^{-3}	feel		274	7.74×10^{-3}	age
11	39	2.74×10^{-2}	hypertension	13	9	2.75×10^{-2}	pressure
	37	1.63×10^{-2}	medicine		8	2.62×10^{-2}	blood
	38	1.57×10^{-2}	diabetes		7	1.78×10^{-2}	high
	8	1.38×10^{-2}	blood		69	1.72×10^{-2}	drink
	24	1.31×10^{-2}	good		122	1.35×10^{-2}	eat
	9	1.28×10^{-2}	pressure		203	1.14×10^{-2}	coffee
	7	1.19×10^{-2}	high		86	9.33×10^{-3}	increase
	47	1.05×10^{-2}	suffer		321	8.25×10^{-3}	egg
	59	1.04×10^{-2}	patient		586	7.96×10^{-3}	morning
	46	9.06×10^{-3}	doctor		217	7.88×10^{-3}	night

续表

主题号	词汇号	权重	词汇	主题号	词汇号	权重	词汇
14	9	3.02×10^{-2}	pressure	17	8	2.90×10^{-2}	blood
	8	2.77×10^{-2}	blood		9	2.88×10^{-2}	pressure
	86	1.44×10^{-2}	increase		7	1.72×10^{-2}	high
	29	1.22×10^{-2}	body		34	1.50×10^{-2}	normal
	19	1.13×10^{-2}	low		152	1.15×10^{-2}	time
	290	1.12×10^{-2}	temperature		60	9.92×10^{-3}	exercise
	7	9.90×10^{-3}	high		19	9.80×10^{-3}	low
	60	9.25×10^{-3}	exercise		35	7.92×10^{-3}	measure
	68	9.03×10^{-3}	happen		46	7.49×10^{-3}	doctor
	41	8.78×10^{-3}	use		171	7.18×10^{-3}	old
15	86	4.85×10^{-2}	increase	18	386	1.95×10^{-2}	pain
	9	3.59×10^{-2}	pressure		20	1.78×10^{-2}	heart
	194	2.28×10^{-2}	gas		9	1.66×10^{-2}	pressure
	8	1.86×10^{-2}	blood		269	1.54×10^{-2}	chest
	422	1.44×10^{-2}	nozzle		8	1.50×10^{-2}	blood
	123	1.25×10^{-2}	due		7	1.17×10^{-2}	high
	423	1.18×10^{-2}	distance		427	1.08×10^{-2}	beat
	58	1.08×10^{-2}	cause		24	9.79×10^{-3}	good
	467	1.08×10^{-2}	intraocular		59	9.61×10^{-3}	patient
	468	1.08×10^{-2}	resistance		529	9.00×10^{-3}	ace
16	20	3.23×10^{-2}	heart	19	98	7.32×10^{-2}	work
	158	3.21×10^{-2}	rate		208	5.40×10^{-2}	problem
	8	2.89×10^{-2}	blood		205	4.73×10^{-2}	stress
	9	2.53×10^{-2}	pressure		648	4.66×10^{-2}	partner
	19	1.85×10^{-2}	low		649	4.29×10^{-2}	sense
	283	1.45×10^{-2}	pulse		95	2.98×10^{-2}	health
	58	1.13×10^{-2}	cause		24	2.43×10^{-2}	good
	7	1.07×10^{-2}	high		123	2.42×10^{-2}	due
	345	9.31×10^{-3}	flow		53	2.05×10^{-2}	condition
	45	8.99×10^{-3}	people		135	6.41×10^{-3}	beta

附录 B   高血压主题下的热点词汇

附录 B-1   高血压主题热点词汇（2017 年 7 月）

序号	词汇号	权重	词汇	序号	词汇号	权重	词汇
1	39	3. 260 38	hypertension	21	161	0. 445 054	arterial
2	9	2. 248 41	pressure	22	450	0. 432 879	overweight
3	8	2. 102 24	blood	23	231	0. 416 173	pill
4	58	1. 383	cause	24	172	0. 411 044	start
5	34	1. 292 57	normal	25	279	0. 406 467	walk
6	469	1. 005 77	leg	26	196	0. 388 123	percentage
7	37	0. 808 574	medicine	27	38	0. 365 011	diabetes
8	50	0. 760 744	treat	28	133	0. 352 151	way
9	7	0. 730 269	high	29	199	0. 347 055	height
10	113	0. 694 905	pulmonary	30	274	0. 3464	age
11	95	0. 678 829	health	31	99	0. 332 198	diagnose
12	208	0. 659 867	problem	32	112	0. 331 079	change
13	213	0. 643 936	feel	33	165	0. 329 746	daily
14	80	0. 609 885	anxiety	34	49	0. 307 939	disease
15	247	0. 605 913	weight	35	332	0. 307 437	artery
16	712	0. 552 058	cross	36	675	0. 304 288	deny
17	243	0. 547 089	know	37	19	0. 2884	low
18	184	0. 542 993	rise	38	45	0. 188 574	people
19	713	0. 506 335	knee	39	23	0. 174 811	reduce
20	59	0. 483 425	patient				

附录 B-2 高血压主题热点词汇（2018 年 1 月）

序号	词汇号	权重	词汇	序号	词汇号	权重	词汇
1	129	0. 619 613	salt	21	161	0. 490 52	arterial
2	450	0. 390 487	overweight	22	98	0. 129 39	work
3	34	0. 887 859	normal	23	675	0. 287 662	deny
4	69	0. 384 469	drink	24	39	1. 965 27	hypertension
5	70	0. 488 384	water	25	168	0. 350 157	hg
6	7	1. 481 22	high	26	199	0. 274 737	height
7	648	0. 065 195 1	partner	27	45	0. 708 489	people
8	649	0. 058 069	sense	28	157	0. 579 806	diastolic
9	247	0. 921 424	weight	29	113	0. 726 88	pulmonary
10	76	0. 259 323	essential	30	50	0. 438 25	treat
11	205	0. 083 140 3	stress	31	243	0. 062 508 4	know
12	14	0. 598 05	bp	32	53	0. 061 097 2	condition
13	208	0. 106 567	problem	33	8	1. 933 98	blood
14	86	0. 380 59	increase	34	9	2. 037 52	pressure
15	215	0. 350 656	brain	35	72	0. 763 297	systolic
16	24	0. 090 3	good	36	633	0. 302 606	mm
17	392	0. 285 708	training	37	58	0. 669 591	cause
18	28	0. 265 198	effect	38	59	0. 312 888	patient
19	669	0. 249 885	local	39	60	0. 345 074	exercise
20	95	0. 0952 573	health	40	573	0. 308 294	lift